Clausnitzer / Pieper / Schollmeier
EG-Recht in der Anwaltskanzlei

Leitfaden für die Anwaltspraxis

EG-Recht
in der Anwaltskanzlei

Von

Rechtsanwalt Dr. Martin Clausnitzer, LL. M., Freiburg

Assessor Stefan Ulrich Pieper, Münster

Rechtsanwalt Andres Schollmeier, Frankfurt

VERLAG FÜR
DIE RECHTS- UND
ANWALTSPRAXIS
HERNE/BERLIN

Bearbeiterverzeichnis:

Teil 1: Clausnitzer
Teil 2: Pieper
Teil 3: Schollmeier
Teil 4: Clausnitzer
Teil 5: Pieper/Schollmeier
Teil 6: Pieper/Schollmeier
Teil 7: Pieper
Teil 8: Pieper

Die Deutsche Bibliothek – CIP-Einheitsaufnahme

EG-Recht in der Anwaltskanzlei / von Martin Clausnitzer ;
Stefan Ulrich Pieper ; Andres Schollmeier. – Herne ; Berlin :
Verl. für die Rechts- und Anwaltspraxis, 1993
  (Leitfaden für die Anwaltspraxis)
  ISBN 3-927935-21-2
NE: Clausnitzer, Martin; Pieper, Stefan Ulrich; Schollmeier, Andres

ISBN 3-927935-21-2 – 1993

© Verlag für die Rechts- und Anwaltspraxis GmbH & Co., Herne/Berlin, 1993
Alle Rechte vorbehalten.

Druck: Kleineidam GmbH & Co. KG, 27283 Verden

Vorwort

Mit der stetig voranschreitenden Vollendung des Europäischen Binnenmarkts steht auch für den deutschen Rechtsanwalt das Europarecht längst nicht mehr „ante portas": Es ist Bestandteil unserer Rechtsordnung geworden und für zahlreiche Rechtsgebiete maßgeblich. Auch der nur im Inland praktizierende Kollege kann plötzlich mit dem „EG-Recht in der Anwaltskanzlei" konfrontiert werden.

Aus diesem Grunde haben sich der Verlag und die Autoren dazu entschlossen, eine zusammengefaßte Einführung in die wesentlichen Problembereiche vorzulegen, die es dem deutschen Anwalt ermöglichen soll, die eventuell bestehende Scheu vor der Konfrontation mit dem EG-Recht oder dem europarechtlichen Mandat zu überwinden. Neben der Darstellung der europarechtlichen Rechtsgrundlagen für eine grenzüberschreitende Anwaltstätigkeit stand daher vor allen Dingen das Anliegen im Vordergrund, praktische Hinweise für die Durchführung eines europarechtlichen Mandats zu geben. Die Darstellung der zahlreichen Rechtsschutzmöglichkeiten nimmt daher einen besonders breiten Raum ein.

Mit dem Zusammenwachsen des Rechts rücken auch die Anwälte der EG-Mitgliedstaaten näher zusammen. Auch wenn hierbei nicht gleich an einen „Ableger" im EG-Nachbarland gedacht wird, so stehen doch zunehmend erprobte Formen anwaltlicher Kooperation zur Verfügung, sei es als bloßes Korrespondenzverhältnis, sei es im Rahmen der EWIV, oder sei es gar als Zweigstelle einer internationalen Sozietät.

Der vorliegende Leitfaden soll einen ersten Überblick über die Probleme geben, die aus der Verzahnung von Gemeinschafts- und nationalem Recht entstehen und mithin in der anwaltlichen Praxis auftauchen können. Er soll den „Einstieg" in die Materie erleichtern, das Problembewußtsein schärfen und weiterführende Hinweise liefern, so daß auch die nicht international tätige Kanzlei, Mandate mit EG-Bezug erfolgreich führen kann.

Möge diese Broschüre dazu beitragen, das Wissen um die neuen rechtlichen Möglichkeiten zum Wohle des einzelnen und der Gesamtheit der EG-Bürger zu erweitern.

Freiburg, Münster, Frankfurt/Main,   Dr. Martin Clausnitzer
im August 1993   Dr. Stefan Ulrich Pieper
                                                 Andres Schollmeier

Inhaltsübersicht

Inhaltsverzeichnis

Teil 4:

Prozessuale Hinweise zur Durchsetzung des EG-Rechts vor deutschen Gerichten

Seite

Teil 5:

Das materielle Gemeinschaftsrecht im Prozeß vor deutschen Gerichten

Teil 7:
Die Vollstreckbarkeit von Urteilen des Europäischen Gerichtshofs

Teil 8:
Zwangsmittel und Durchsuchungsbefugnisse der EG-Kommission

Anhang:
Texte und Adressen 121

Abkürzungsverzeichnis

a. A.	anderer Ansicht
a. a. O.	am angegebenen Ort
ABl.	Amtsblatt
Abs.	Absatz
AIG	Auslandsinvestitionsgesetz
Anm.	Anmerkung
AnwBl.	Anwaltsblatt (Zs.)
AO	Abgabenordnung
ArbG	Arbeitsgericht
ArbGG	Arbeitsgerichtsgesetz
Art.	Artikel
Aufl.	Auflage
BFH	Bundesfinanzhof
BFH/NV	Bundesfinanzhof / Nichtöffentliche Entscheidungen (Zs.)
BGBl	Bundesgesetzblatt
BGH	Bundesgerichtshof
BImSchG	Bundesimmissionsschutzgesetz
BMF	Bundesministerium der Finanzen
BRAGO	Bundesrechtsanwaltsgebührenordnung
BRAK-Mitt.	Bundesrechtsanwaltskammer-Mitteilungen (Zs.)
BRAO	Bundesrechtsanwaltsordnung
BSG	Bundessozialgericht
BStBl	Bundessteuerblatt
BVerfG	Bundesverfassungsgericht
BVerwG	Bundesverwaltungsgericht
CCBE	Rat der Europäischen Anwaltschaften
DÖV	Die öffentliche Verwaltung (Zs.)
DStR	Deutsches Steuerrecht (Zs.)
DVBl.	Deutsche Verwaltungsblätter (Zs.)
EAG	Europäische Atomgemeinschaft
EEA	Einheitliche Europäische Akte
EG	Europäische Gemeinschaften
EGKS	Europäische Gemeinschaft für Kohle und Stahl
EStG	Einkommensteuergesetz

EuGH	Europäischer Gerichtshof
EuGHE	Entscheidungssammlung des Europäischen Gerichtshofs
EuGH-VerfO	Europäischer Gerichtshof-Verfahrensordnung
EuGVÜ	Europäisches Gerichtsstands- und Vollstreckungs-übereinkommen
EuGRZ	Europäische Grundrechtszeitschrift
EuR	Europarecht (Zs.)
EuZW	Europäische Zeitschrift für Wirtschaftsrecht
EWGV	Vertrag zur Gründung der Europäischen Wirtschaftsgemeinschaft
EWIV	Europäische wirtschaftliche Interessenvereinigung
f.	folgende
ff.	fortfolgende
FG	Finanzgericht
FGO	Finanzgerichtsordnung
GewArch	Gewerbearchiv (Zs.)
GZT	Gemeinsamer Zolltarif
Hrsg.	Herausgeber
i. d. R.	in der Regel
i. S. v.	im Sinne von
IWB	Internationale Wirtschafts-Briefe (Zs.)
JA	Juristische Arbeitsblätter (Zs.)
JZ	Juristenzeitung
KFR	Kommentierte Finanzrechtsprechung (Zs.)
Komm.	EG-Kommission
LG	Landgericht
MRK	Menschenrechtskonvention
MwSt	Mehrwertsteuer
NJW	Neue Juristische Wochenschrift (Zs.)
Nr.	Nummer
NStZ	Neue Zeitschrift für Strafrecht
NVwZ	Neue Zeitschrift für Verwaltungsrecht
NZA	Neue Zeitschrift für Arbeitsrecht

OECD	Organisation für wirtschaftliche Zusammenarbeit und Entwicklung
OLG	Oberlandesgericht
OVG	Oberverwaltungsgericht
RA	Rechtsanwalt
RADG	Rechtsanwaltsdienstleistungsgesetz
RBerG	Rechtsberatungsgesetz
Rdnr.	Randnummer
RIW	Recht der Internationalen Wirtschaft (Zs.)
RL	Richtlinie
Rs.	Rechtssache
Rz.	Randziffer
S.	Seite
SG	Sozialgericht; Sozialgerichtsgesetz
SGb	Die Sozialgerichtsbarkeit (Zs.)
StGB	Strafgesetzbuch
StPO	Strafprozeßordnung
TA	Technische Anleitung
Tz.	Teilziffer/Textziffer
u. a.	unter anderem
Urt.	Urteil
u. U.	unter Umständen
v.	von/vom
VerfO	Verfahrensordnung
VG	Verwaltungsgericht
vgl.	vergleiche
VO	Verordnung
VwGO	Verwaltungsgerichtsordnung
ZAP	Zeitschrift für die Anwaltspraxis
z. B.	zum Beispiel
Ziff.	Ziffer
ZollG	Zollgesetz
ZPO	Zivilprozeßordnung
Zs.	Zeitschrift

Teil 1:

Niederlassungs- und Dienstleistungsfreiheit der Rechtsanwälte

A. Vorbemerkung

Die Bestimmungen des EWG-Vertrags über die Niederlassungs- und Dienstleistungsfreiheit der Marktbürger betreffen auch deutsche Rechtsanwälte. Dies gilt natürlich in erster Linie für diejenigen Kollegen, die selbst grenzüberschreitend tätig werden wollen, sei es durch die gelegentliche Beratung oder Prozeßführung im Ausland, sei es durch Einrichtung einer festen *Zweigstelle*. Aber auch für denjenigen, der seinen Fuß nicht über die Grenze setzen möchte, können sich aus der Inanspruchnahme der Niederlassungs- und Dienstleistungsfreiheit durch andere Kollegen im

In- und Ausland Auswirkungen auf die eigene Berufstätigkeit ergeben. Die generelle Zunahme grenzüberschreitender wirtschaftlicher Betätigungen wird auch in Zukunft zu einer ständigen Zunahme internationaler Kontakte mit entsprechendem Beratungsbedarf führen. Die Zahl der *Streitfälle „mit Auslandsbezug"* wird wachsen. Ausländische Kollegen werden in Deutschland auftreten, ihre Mandanten beraten und vertreten und hierzu unterstützend deutschen Rechtsrat benötigen. Nicht zuletzt das *deutsche Standesrecht* ist unter diesen Umständen einem großen Druck ausgesetzt, sich den entwickelnden tatsächlichen und EG-rechtlichen Verhältnissen anzupassen.

Die Notwendigkeit hierzu ergibt sich vor allem aus dem inzwischen unbestrittenen Vorrang des EG-Gemeinschaftsrechts vor nationalem Recht. Es verpflichtet den Gesetzgeber und bindet nationale Gerichte und Behörden. Nationale Rechtsvorschriften, die im Widerspruch zu Gemeinschaftsrecht stehen, dürfen nicht mehr angewandt werden (vgl. EuGH, Urt. v. 19. 1. 1982, Rs. 8/81 Becker, EuGHE 1982, 53; BVerfG, Urt. v. 22. 10. 1986 Solange II, NJW 1987, 577). Soweit der EWG-Vertrag sowie EG-Verordnungen oder Richtlinien unmittelbar anwendbar sind, kann sich jeder EG-Bürger auf die hierdurch gewährten Rechte vor den nationalen Behörden und Gerichten berufen (Zu den Einzelheiten s. Teil 5, S. 70 ff.). Diese sind auch an die Rechtsprechung des Europäischen Gerichtshofs (EuGH) gebunden und haben dessen Auslegung des EG-Rechts ihren eigenen Entscheidungen zugrunde zu legen (Zur Durchsetzung europäischen Rechts vor deutschen Gerichten s. Teil 4, S. 43 ff.).

B. Niederlassungsfreiheit gem. Art. 52 EWGV

Das Niederlassungsrecht ist in den Artikeln 52–58 EWGV geregelt. Nach Ablauf der Übergangsfrist am 1. 1. 1970 kann sich jeder EG-Bürger gegenüber den nationalen Behörden auf die Rechte aus der Niederlassungsfreiheit berufen. Dies gilt auch, soweit die im EWG-Vertrag vorgesehenen Richtlinien zur Aufhebung von Beschränkungen (vgl. Art. 54 Satz 2 EWGV), zur Koordinierung von Rechts- und Verwaltungsvorschriften (vgl. Art. 56 EWGV) und zur Anerkennung von Diplomen (vgl. Art. 57 EWGV) noch nicht erlassen sind.

I. Allgemeine Grundsätze des EG-Rechts

Bereits im Jahre 1974 hat der EuGH klargestellt, daß *Rechtsanwälte* trotz ihrer Stellung als Organe der Rechtspflege *keine „öffentliche Gewalt"* i. S. v. Art. 55 EWGV ausüben und daher nicht vom Anwendungsbereich der Niederlassungsfreiheit ausgeschlossen sind (EuGH, Urt. v. 21. 6. 1974 Rs. 2/74 Reyners, EuGHE 1974, 631 = NJW 1975, 513).

Persönlich Begünstigte des Niederlassungsrechts sind grundsätzlich nur *Staatsangehörige der Mitgliedstaaten,* auch wenn sie außerhalb der EG wohnen, sowie Gesellschaften im Sinne von Art. 58 EWGV. Bei der *Gründung von Zweigniederlassungen* müssen die Begünstigten allerdings in einem Mitgliedstaat ansässig sein. Um das Niederlassungsrecht effektiv ausüben zu können, wird dem Begünstigten durch eine besondere Richtlinie ein *Einreise- und Aufenthaltsrecht* in dem Aufnahmestaat eingeräumt (Richtlinie 64/221/EWG vom 25. 2. 1964, ABl. EG Nr. 56 v. 4. 4. 1964, S. 850). Er darf auch nicht etwa wegen einer Marktsättigung oder persönlicher Arbeitslosigkeit, sondern allenfalls aus schwerwiegenden Gründen der öffentlichen Sicherheit und Ordnung zurückgewiesen werden (Art. 56 EWGV). Gleiche Rechte haben auch die Angehörigen des Begünstigten, selbst wenn sie nicht die Staatsangehörigkeit eines Mitgliedstaates besitzen (Richtlinie 73/148/EWG vom 21. 5. 1973, ABl. EG Nr. L 172 v. 28. 6. 1973, S. 14; s. a. das dt. Aufenthaltsgesetz/EWG vom 31. 1. 1980, BGBl. I S. 116).

Dem Recht auf Niederlassung steht ein Wegzugsrecht und unter bestimmten Voraussetzungen auch ein Verbleiberecht nach Beendigung der Tätigkeit gegenüber, das sich für natürliche Personen aus der erwähnten Richtlinie 73/148/EWG ergibt. Für juristische Personen hat der EuGH das Recht zur Wegverlegung des Sitzes der Geschäftsleitung davon abhängig gemacht, daß der Sitzstaat eine Verlegung gestattet hat, ohne daß die Gesellschaft dadurch ihre Existenz verliert (EuGH, Urt. v. 27. 9. 1988 Rs. C-81/87 Daily Mail, EuGHE 1988, 5505 = RIW 1989, 304).

Die Niederlassungsfreiheit umfaßt die *Aufnahme und Ausübung selbständiger Erwerbstätigkeiten* sowie die Gründung und Leitung von Unternehmen, insbesondere von Gesellschaften im Sinne des Art. 58 Abs. 2 EWGV. Dieses Recht besteht jedoch nach dem Wortlaut des EWG-

Vertrags nur im Rahmen der „Bestimmungen des Aufnahmestaates für seine eigenen Angehörigen" (Art. 52 Abs. 2 EWGV). Hieraus folgt daher zunächst nur, daß sich natürliche und juristische Personen in einem anderen Mitgliedstaat als ihrem Heimatstaat bzw. Sitzstaat auf Dauer selbständig und zu den gleichen Bedingungen wie Inländer wirtschaftlich betätigen können (Grundsatz der Inländergleichbehandlung). Es handelt sich hierbei um eine Ausprägung des allgemeinen *Diskriminierungsverbots* wegen der Staatsangehörigkeit gem. Art. 7 Abs. 1 EWGV, so daß – bei Erfüllung aller übrigen Voraussetzungen – auch ein EG-Ausländer zur *Anwaltschaft* zugelassen werden muß. Dies hat der EuGH z. B. im Falle des *Niederländers Reyners* hinsichtlich der Zulassung zur belgischen Anwaltschaft entschieden. In der Folgezeit hat der EuGH auch versteckte Diskriminierungen wegen der Staatsangehörigkeit gerügt:

- Dem belgischen *Anwalt Thieffry,* der nach Anerkennung seines belgischen Hochschulabschlusses durch die Universität Paris die französische Zulassungsprüfung bestanden hatte, durfte die Rechtsanwaltskammer Paris nicht wegen seines ausländischen Diploms die Zulassung verweigern (EuGH, Urt. v. 28. 4. 1977, Rs. 71/76 Thieffry, EuGHE 1977, 765 = NJW 1977, 1582).

- Auch einem in ähnlicher Lage befindlichen deutschen Rechtsanwalt durfte die Zulassung nicht mit der Begründung verweigert werden, die beabsichtigte Niederlassung verstoße gegen das französische Zweigstellenverbot (EuGH, Urt. v. 12. 7. 1984, Rs. 107/83 Klopp, EuGHE 1984, 2971 = NJW 1985, 1275).

Während es in den Fällen *Reyners* und *Thieffry* noch um das Recht der (einzigen) EG-weiten Niederlassung in einem anderen Mitgliedstaat als dem Heimatstaat ging, bestätigte der EuGH in der Sache Klopp auch das Recht zur *Errichtung einer EG-weiten Doppelniederlassung,* und zwar entgegen den Vorschriften des Aufnahmestaates. Gerade diese Rechtsprechung des EuGH hat zu der Auffassung geführt, daß die vier Grundfreiheiten nicht nur den *Grundsatz der Inländergleichbehandlung* aufstellen, sondern vielmehr eine Verpflichtung der Mitgliedstaaten enthalten, generell alle Beschränkungen der Niederlassungsfreiheit zu beseitigen.

Dies geht soweit, daß auch steuerliche Nachteile, die gerade bei Grenzgängern mit Niederlassung in einem anderen Staat als dem Wohnsitzstaat durch das im Einkommensteuergesetz enthaltene System der sog. beschränkten Einkommensteuerpflicht entstehen können, als mit der Niederlassungsfreiheit unvereinbar angesehen werden (Vorlagebeschluß des FG Köln an den EuGH vom 10.1.1991, EuZW 1991, 670; vgl. auch das dazu ergangene Urteil des EuGH, Rs. Werner, v. 26.1.1993, JWB Fach 11a EG S. 17).

II. Deutsche Rechtsanwälte im EG-Ausland

Das Grundrecht der Niederlassungsfreiheit steht jedem Staatsangehörigen eines EG-Mitgliedstaates zu. Soweit im folgenden verkürzt von einem „deutschen" Rechtsanwalt gesprochen wird, ist damit ein in der Bundesrepublik niedergelassener „Rechtsanwalt" gemeint, der auch die Staatsangehörigkeit eines anderen Mitgliedstaates besitzen kann.

Ist ein deutscher Staatsangehöriger hingegen nicht hier als Rechtsanwalt zugelassen, kann er sich zwar auch auf die Niederlassungsfreiheit berufen, wird allerdings vom deutschen Standesrecht mangels Rechtsanwaltseigenschaft grundsätzlich nicht erfaßt.

1. Erwerb ausländischer Berufsbezeichnungen

Will sich ein deutscher Rechtsanwalt im EG-Ausland niederlassen, muß er grundsätzlich die dortigen *Zulassungsvoraussetzungen* erfüllen. Er darf zwar nicht aus Gründen der Staatsangehörigkeit diskriminiert werden, muß aber auch die Gewähr für die Einhaltung allgemeiner standesrechtlicher Grundsätze des Aufnahmestaates bieten.

Der *deutsche Rechtsanwalt Gullung* durfte sich aus diesem Grunde nicht als avocat in Frankreich niederlassen, obwohl er französische Examina vorweisen konnte (EuGH, Urt. v. 19.1.1988, Rs. 292/86 Gullung, NJW 1989, 658).

Hat ein deutscher Rechtsanwalt daher die berufsqualifizierenden Prüfungen des Aufnahmestaates absolviert und erfüllt er die übrigen Zulassungsvoraussetzungen des Aufnahmestaates, kann er EG-rechtlich sowohl seine *Hauptniederlassung* wie auch eine *Zweigniederlassung* in einem anderen EG-Staat einrichten, auch wenn dies einem *Zweigstellenverbot* des Herkunftsstaates widerspricht. Konsequenterweise (und darüber hinausgehend) befreit der neue § 29 a BRAO den deutschen Anwalt von der *Residenzpflicht* des § 27 Abs. 1 BRAO, wenn er für Gericht und Parteien ohne Behinderungen erreichbar ist, von der *Kanzleipflicht* des § 27 Abs. 2 BRAO, sofern nicht überwiegende Interessen der Rechtspflege entgegenstehen, und vom *Zweigstellenverbot* des § 28 BRAO.

Zu beachten ist, daß die Anwälte in den bisher erwähnten Entscheidungen des EuGH stets die *ausländischen Zulassungsprüfungen zur Anwaltschaft* abgelegt hatten. Komplizierter ist die Rechtslage, wenn dies nicht der Fall ist, dennoch aber eine Niederlassung im Ausland angestrebt wird: Eine *anwaltsspezifische EG-Niederlassungsrichtlinie* zur Aufhebung von Beschränkungen gem. Art. 54 Abs. 2 EWGV, eine Anerkennungsrichtlinie gem. Art. 57 Satz 1 EWGV oder Harmonisierungsrichtlinie über die Voraussetzungen für den Zugang zur Berufstätigkeit nach Art. 57 Abs. 2 EWGV gibt es nämlich bisher für die Anwälte nicht. So bleibt es daher grundsätzlich bei der *Regelungszuständigkeit der Mitgliedstaaten.*

Will der Anwalt sich unter der Berufsbezeichnung des Aufnahmestaates niederlassen, kann er sich jedoch auf die allgemeine *Hochschuldiplom-Anerkennungsrichtlinie* 89/48/EWG vom 21. 12. 1988 (ABl. EG Nr. L 19 v. 24. 1. 1989, S. 16) berufen, nach der die in einem Mitgliedstaat erworbenen berufsqualifizierenden Abschlüsse grundsätzlich anerkannt werden. Allerdings setzt die Zulassung zur ausländischen Anwaltschaft mit dem Recht zur Führung der Berufsbezeichnung des Aufnahmestaates (Art. 7) voraus, daß der vom Aufnahmestaat vorzusehende Anpassungslehrgang oder die sprachliche und fachliche Eignungsprüfung (Art. 4) erfolgreich absolviert wurden. Damit hat sich zunächst das sog. Vollintegrationsmodell nach französischen Vorstellungen durchgesetzt, bei dem der *Berufstitel des Aufnahmestaates* geführt werden darf. Das eingeschränkte englische Modell, nach dem die Beratung und Vertretung durch einen Anwalt nur „under home title" zugelassen war, hat sich demgegenüber nicht durchgesetzt.

Nach bestandener Prüfung ist der Bewerber zur ausländischen Anwaltschaft zuzulassen und mit gleichen Rechten und Pflichten in die *Standesorganisationen* aufzunehmen.

2. Niederlassung als deutscher Rechtsanwalt

Will der Rechtsanwalt sich der Prüfung im Ausland nicht unterziehen oder kommt es ihm auf die Führung der ausländischen Berufsbezeichnung nicht an, kann er sich auch als deutscher Rechtsanwalt im Ausland niederlassen, obwohl eine EG-Richtlinie insoweit nicht existiert. Das Vorhaben einer solchen eingeschränkten Niederlassungsrichtlinie wird jedoch vom *Rat der Europäischen Anwaltschaften* (CCBE) trotz der Gefahr eines gespaltenen Berufsstandes weiterverfolgt (BRAK-Mitt. 1991, 203, Ziff. 9.6): Es bestehe ein erhebliches Bedürfnis dafür, die Tätigkeit eines Anwalts in einem anderen Mitgliedstaat zu ermöglichen, ohne daß er allen örtlichen Regeln über den Berufszugang – und damit einer fachlichen Prüfung – unterworfen werde (Toulmin, AnwBl. 1991, 256).

Der dem deutschen Anwalt eröffnete zweite Weg einer Niederlassung im Ausland unter ausschließlicher Führung seiner bisherigen Berufsbezeichnung wird teilweise bereits durch nationale Bestimmungen der Mitgliedstaaten erleichtert (so in *Belgien* die Eintragung in die „Liste B", vgl. Kleine-Cosack, RA-Handbuch, H 2 Rz. 309).

Wo dies nicht der Fall ist, sollte sich ein niederlassungswilliger Rechtsanwalt unmittelbar auf die Niederlassungsfreiheit berufen und die Aufnahme in die gewünschte Anwaltskammer „als deutscher Rechtsanwalt" beantragen.

Der EuGH hat zwar bisher ein solches Recht nicht ausdrücklich bestätigt, es ergibt sich meines Erachtens aber aus seiner bisherigen Rechtsprechung zu Art. 52 EWGV:

- Bereits im *Klopp-Urteil* hat der EuGH nämlich betont, daß Anwälte aus anderen Mitgliedstaaten an der tatsächlichen Ausübung ihres durch den Vertrag gewährleisteten Niederlassungsrechts nicht gehindert werden dürfen.

- Auch in einer jüngeren Entscheidung vor Inkrafttreten der Hochschuldiplom-Anerkennungsrichtlinie hat der EuGH betont, daß es eine Beeinträchtigung der Niederlassungsfreiheit darstellen würde, wenn die bereits in einem anderen Mitgliedstaat erworbenen Kenntnisse und Fähigkeiten bei der Entscheidung über einen Antrag auf Niederlassung unberücksichtigt gelassen würden (EuGH, Urt. v. 7.5.1991

Rs. C-340/89 Vlassopoulou, NJW 1991, 2073 = IWB 6/92, Fach 11a EG, Gruppe 3, S. 11 mit Anm. Clausnitzer). Da der EuGH auch in diesem Fall den ausländischen Bewerber nicht lediglich wie einen Inländer behandelt hat, bei dem mangels deutschem Staatsexamen eine Zulassung von vornherein nicht in Betracht gekommen wäre, kann der Niederlassungsfreiheit über das Gebot der *Inländergleichbehandlung* hinaus ein allgemeines *Beschränkungsverbot* entnommen werden, das ausländische EG-Bürger von inländischen Erschwernissen freistellt, wenn diese nicht „wirklich in Anbetracht allgemeiner Verpflichtungen gerechtfertigt sind, von denen die ordnungsgemäße Ausübung der fraglichen Berufe abhängt" (so schon EuGH, Urt. v. 30. 4. 1986, Rs. 96/85, Kommission/Frankreich, EuGHE 1986, 1475 Tz. 11).

III. Ausländische EG-Anwälte im Inland

Die vom EWG-Vertrag eingeräumte Niederlassungsfreiheit wird zunehmend auch ausländische Anwälte ermutigen, sich im Inland niederzulassen.

Für den auswärtigen Anwalt gelten die obigen Ausführungen zur Niederlassung deutscher Anwälte im Ausland entsprechend. Eine Niederlassung als Rechtsanwalt ist daher unproblematisch, wenn die Befähigung zum Richteramt durch das Bestehen beider Großer Staatsprüfungen nachgewiesen wird. Darüber hinaus hat der ausländische EG-Anwalt ebenfalls zwei alternative Niederlassungsmöglichkeiten, selbst wenn er die deutschen Examina nicht vorweisen kann:

1. Zulassung als Rechtsanwalt

Will der niederlassungswillige EG-Anwalt den Titel Rechtsanwalt führen, kann die Zulassung zur deutschen Anwaltschaft grundsätzlich nur nach dem *Eignungsprüfungsgesetz* vom 6. 7. 1990 (BGBl I 1990, 1349) erreicht werden (zu den Einzelheiten s. Feuerich, NJW 1991, 144; Weil, BRAK-Mitt. 1991, 15).

Eine Ausnahme gilt lediglich für *Altfälle vor Erlaß der Diplomanerkennungsrichtlinie* (vgl. EuGH, v. 7. 5. 1991, a. a. O.).

Das Gesetz wird ergänzt durch die Eignungsprüfungsverordnung vom 18. 12. 1990 (BGBl I 2881) und stellt die Umsetzung der Hochschuldiplom-Anerkennungsrichtlinie in das deutsche Recht dar. Nach bestandener Prüfung kann die Zulassung als Rechtsanwalt erfolgen, mit allen Rechten und Pflichten nach den deutschen Gesetzen (Ausnahme: Kein Vorsitz im Ehrengericht!). Er ist daher insbesondere dem Lokalisationsgrundsatz unterworfen und kann als „voll integrierter Rechtsanwalt lediglich am Amts- und Landgericht seiner einzigen inländischen Kanzlei zugelassen werden, wenn ihm nicht ausnahmsweise eine Simultanzulassung an einem Oberlandesgericht (§ 226 Abs. 2 BRAO) oder eine Zweigniederlassung (§ 28 BRAO) gestattet sind.

2. *Niederlassung unter ausländischer Berufsbezeichnung*

Will sich der ausländische Anwalt einer Prüfung nicht unterziehen, gestattet § 206 Abs. 1 BRAO eine Niederlassung unter der ausländischen Berufsbezeichnung, allerdings verbunden mit der – nicht unumstrittenen – *Einschränkung der Rechtsbesorgung* auf die Gebiete des ausländischen und internationalen Rechts. Diese Möglichkeit steht allen Staatsangehörigen eines Mitgliedstaates offen, die eine anwaltliche Berufsbezeichnung eines anderen Mitgliedstaates führen dürfen, also auch deutschen Staatsangehörigen mit ausländischer EG-Berufsbezeichnung.

Die Liste der anerkannten Berufsbezeichnungen findet sich in § 1 Abs. 1 Rechtsanwaltsdienstleistungsgesetz (RADG) vom 16. 8. 1980 (BGBl I S. 1453):

§ 1 Anwendungsbereich

(1) Staatsangehörige eines Mitgliedstaates der Europäischen Gemeinschaften, die berechtigt sind, unter einer der folgenden Bezeichnungen

– in Belgien:	Avocat/Advocaat –
– in Dänemark:	Advokat –
– in Frankreich:	Avocat –
– in Griechenland:	δικηγόρος –
– in Irland:	Barrister,
	Solicitor –
– in Italien:	Avvocato –

– in Luxemburg:	Avocat-avoué –
– in den Niederlanden:	Advocaat –
– in Portugal:	Advogado –
– in Spanien:	Abogado –
– im Vereinigten Königreich:	Advocate,
	Barrister
	Solicitor –

beruflich tätig zu werden, dürfen, sofern sie Dienstleistungen im Sinne des Artikels 60 des Vertrags zur Gründung der Europäischen Wirtschaftsgemeinschaft erbringen, im Geltungsbereich dieses Gesetzes vorübergehend die Tätigkeiten eines Rechtsanwalts nach den folgenden Vorschriften ausüben.

Abgesehen von Mißbrauchsfällen ist es daher durchaus möglich, daß ein Deutscher, der als spanischer „abogado" zugelassen ist, sich unter dieser Bezeichnung in Deutschland niederläßt. Die Rechtstellung eines solchen niedergelassenen EG-Anwalts ergibt sich im übrigen aus § 207 BRAO: Er ist verpflichtet, im Niederlassungsbezirk eine *Kanzlei* einzurichten (Abs. 3) und bei der Führung seiner ausländischen Berufsbezeichnung den *Herkunftsstaat* anzugeben (Abs. 4).

Die *Standesregeln* werden weitgehend sinngemäß angewendet, jedoch kann nach dem Gesetzeswortlaut (Abs. 2) nicht davon ausgegangen werden, daß eine Zulassung bei einem deutschen Gericht möglich ist, denn die §§ 18 bis 27 BRAO werden von der allgemeinen Verweisung ausdrücklich ausgenommen. Er könnte danach weder vor dem Landgericht seiner Niederlassung noch gar vor allen anderen Landgerichten der Bundesrepublik Deutschland auftreten.

Ob dies allerdings mit der bisherigen Rechtsprechung des EuGH zur *Berufsausübungsfreiheit* vereinbar ist, erscheint höchst zweifelhaft. Sicherlich wird man ihm – beschränkt auf seine zugelassenen Tätigkeitsgebiete – zumindest die verfahrensrechtliche Stellung eines integrierten Rechtsanwalts einräumen müssen, so daß er an „seinem" Landgericht in Fragen des ausländischen und internationalen Rechts auftreten dürfte. Eine *Durchbrechung des Lokalisationsgrundsatzes* wie bei nur vorübergehend im Inland tätigen Dienstleistungserbringern (s. dazu unten) dürfte der EuGH aber wohl nicht mitmachen (a. A. Rabe, AnwBl. 1992, 146, 150).

IV. Niederlassung bei Drittstaatern

Wie sich bereits aus dem Wortlaut des Art. 52 EWGV ergibt, können sich lediglich Staatsangehörige eines Mitgliedstaates auf die Niederlassungsfreiheit berufen. Hieraus folgt, daß beispielsweise ein amerikanischer Anwalt keinen EG-rechtlichen Anspruch auf Anerkennung seiner US-Diplome und Niederlassung in der EG hat (vgl. auch Art. 2 der Hochschuldiplom-Anerkennungsrichtlinie 89/48/EWG vom 21. 12. 1988, a. a. O.).

Dies gilt selbst dann, wenn ein solcher Anwalt bereits in einem anderen EG-Mitgliedstaat niedergelassen ist, worüber die Mitgliedstaaten in eigener Zuständigkeit entscheiden dürfen (vgl. Wägenbaur, EuZW 1991, 428). So kann sich bspw. nach deutschem Recht ein Anwalt aus einem Drittstaat bei Verbürgung der Gegenseitigkeit nach § 206 Abs. 2 BRAO unter der Bezeichnung seines Herkunftsstaates und mit Beschränkung seiner Tätigkeit auf sein Heimatrecht im Inland niederlassen (zu den Überlegungen bezüglich der USA, siehe BRAK-Mitt. 1992, 87). Ein *Niederlassungsanspruch* in anderen EG-Staaten ergibt sich hieraus nicht.

Wird das in einem Drittstaat erworbene Diplom eines Staatsangehörigen eines Nichtmitgliedstaates von einem Mitgliedstaat förmlich anerkannt (und der Ausländer demzufolge in einem Mitgliedstaat zur Anwaltschaft zugelassen), folgt hieraus ebenfalls keine *Anerkennungspflicht* durch die übrigen Mitgliedstaaten, da sich die Hochschuldiplom-Anerkennungsrichtlinie grundsätzlich auf die Anerkennung von Diplomen aus den Mitgliedstaaten beschränkt (vgl. Art. 1 der Hochschuldiplom-Anerkennungsrichtlinie 89/48/EWG, a. a. O.).

Eine *Ausnahme* gilt nur für EG-Bürger, wenn deren Drittland-Diplom bereits von einem Mitgliedstaat anerkannt wurde und dieser Staat eine *dreijährige Berufserfahrung* bescheinigt (vgl. Hinweis der EG-Kommission in BRAK-Mitt. 1991, 155, 156). Aber auch in diesen Fällen gelten die allgemeinen Bestimmungen über die Niederlassung als (nur) registrierter Anwalt einerseits oder als vollintegrierter Rechtsanwalt nach bestandener Eignungsprüfung andererseits.

Im übrigen verbleibt es für ausländische Anwälte im Inland bei der *Erlaubnispflicht* des § 1 S. 2 Nr. 6 RBerG und der Zulassung als *Prozeß-*

agent gem. § 157 Abs. 3 ZPO. Deutsche Anwälte dürfen – aus deutscher Sicht – auch in Drittländern tätig werden und Zweigniederlassungen einrichten. Die Einzelheiten ergeben sich allerdings aus den sehr unterschiedlichen nationalen Regelungen des jeweiligen Drittlands (vgl. Rabe NJW 1987, 2188).

C. Dienstleistungsfreiheit gem. Art. 59 EWGV

Die Regelungen über den freien Dienstleistungsverkehr befinden sich in den Art. 59 bis 66 EWGV, worin ergänzend auf die Vorschriften über das Niederlassungsrecht verwiesen wird.

I. Allgemeine Grundsätze des EG-Rechts

Während das Niederlassungsrecht die Freiheit zur wirtschaftlichen Betätigung in einem Mitgliedstaat in Gestalt einer Haupt- oder Zweigniederlassung beinhaltet, bezieht sich die Dienstleistungsfreiheit auf selbständige Erwerbstätigkeiten, die lediglich vorübergehend von einer Niederlassung im Heimatstaat aus in einem anderen Mitgliedstaat erbracht werden.

Persönlich begünstigt sind ebenfalls grundsätzlich nur EG-Bürger sowie nach den Vorschriften eines Mitgliedstaates gegründete Gesellschaften, die ihren Sitz innerhalb der EG haben. Deutsche *Anwälte* und *Sozietäten* sind daher ebenso erfaßt wie ausländische *Anwaltszusammenschlüsse*.

Die Dienstleistungsfreiheit betrifft nur solche Dienstleistungen, die innerhalb der EG über eine nationale Grenze hinweg erbracht werden, also z. B. wenn der Anwalt in einem anderen Mitgliedsstaat ansässig ist als er (vorübergehend) tätig wird. Ausreichend ist, daß die Dienstleistung gegenüber einem Mandanten aus dem anderen EG-Staat erbracht wird, ein körperlicher Grenzübertritt des Anwalts ist nicht erforderlich (telefonische oder schriftliche Beratung und Vertretung).

Umgekehrt werden auch Dienstleistungen erfaßt, bei denen der Leistungsempfänger aus einem anderen Mitgliedstaat kommt und Dienstleistungen im Inland empfängt, auch wenn sich diese nur im Inland auswirken.

Ebenfalls eingeschlossen ist der Fall, daß allein die Anwaltsleistung im Ausland erbracht wird, während beide Parteien im Inland ansässig sind (z. B. ausländische Prozeßführung für einen inländischen Mandanten).

Ausgenommen vom Anwendungsbereich sind allerdings Tätigkeiten, die mit der Ausübung öffentlicher Gewalt verbunden sind, wie dies z. B. bei der öffentlichen Beurkundungstätigkeit eines Notars der Fall ist (Art. 66 i. V. m. Art. 55 EWGV).

Auch im Bereich der Dienstleistungsfreiheit hat der EuGH die unmittelbare Anwendbarkeit des Art. 51 Abs. 1 und 60 Abs. 3 EWGV nach Ablauf der Übergangszeit trotz fehlender Dienstleistungsrichtlinien bestätigt (EuGH, Urt. v. 3. 12. 1974, Rs. 33/74 van Binsbergen, EuGHE 1974, 1299 = NJW 1975, 1095). Ebenso wie die Niederlassungsfreiheit ist auch die Dienstleistungsfreiheit vom *Grundsatz der Inländergleichbehandlung* gekennzeichnet. Darüber hinaus sind aber auch solche Vorschriften unzulässig, die den Dienstleistungserbringer dadurch versteckt diskriminieren, daß sie den ständigen Aufenthalt im Gastland verlangen. Ein holländischer Anwalt durfte daher nicht von der weiteren Prozeßführung ausgeschlossen werden, weil seine Wohnsitzverlegung nach Belgien gegen die niederländische Residenzpflicht verstieß (EuGH, Urt. v. 3. 12. 1974, van Binsbergen, a. a. O.).

Aus der Entscheidung läßt sich ferner ableiten, daß ein Rechtsanwalt seinen Wohnsitz grundsätzlich auch außerhalb seines Niederlassungs- oder Dienstleistungsstaates begründen kann, solange nur die Standespflichten eingehalten und die Funktionsfähigkeit der Justiz nicht beeinträchtigt werden. Es kommt in diesem Bereich immer darauf an, daß die einschränkenden Regelungen des Dienstleistungsstaates nicht den *Verhältnismäßigkeitsgrundsatz* verletzten (EuGH, Urt. v. 17. 12. 1981, Rs. C/279/80 Webb, EuGHE 1981, 3305).

In der Folgezeit hat die EG eine speziell für Rechtsanwälte bestimmte *Dienstleistungsrichtlinie* erlassen, durch die die *Residenzpflicht* und die *Pflicht zur Kammerzugehörigkeit* für dienstleistende Rechtsanwälte aufgehoben werden (vgl. Art. 4 der Richtlinie 77/249/EWG vom 22. 3. 1977, ABl. EG Nr. L 78 v. 26. 3. 1977, S. 17). Es wird nicht nur geregelt, welche Personen als Rechtsanwälte im Gebiet der EG anzusehen sind, sondern auch unter welchen Voraussetzungen eine Auslandstätigkeit zulässig ist. Wichtigste Regelung dürfte sein, daß der im Ausland auftretende Rechtsanwalt den dortigen Rechtsvorschriften einschließlich der Standesregeln unterworfen ist und vor Behörden oder Gerichten nur im Einvernehmen mit einem dort zugelassenen Rechtsanwalt (sog. *Einvernehmensanwalt*) tätig werden darf (Art. 5 der Richtlinie).

Der dienstleistende Anwalt darf nur die in der Sprache seines Herkunftslandes gültige Berufsbezeichnung unter Angabe des Zulassungsgerichts bzw. seiner heimatlichen Berufsorganisation verwenden, die Führung der ausländischen Berufsbezeichnung ist nicht erlaubt. Mit dieser Richtlinie, auf deren Bestimmungen sich jeder Anwalt seit Ablauf der Übergangzeit am 1. 1. 1970 berufen kann, sind die wichtigsten Voraussetzungen für eine vorübergehende grenzüberschreitende Tätigkeit von Anwälten in der EG geregelt. Zum praktischen Nachweis seiner Berufsangehörigkeit kann sich der Anwalt im übrigen des *mehrsprachigen Ausweises für EG-Anwälte* bedienen, der von den örtlichen Rechtsanwaltskammern ausgestellt wird.

II. Dienstleistungen im Ausland

Nach der Dienstleistungsrichtlinie ist unstreitig, daß der deutsche Rechtsanwalt unter seiner eigenen Berufsbezeichnung im EG-Ausland nicht nur ungehindert *Beratungsleistungen,* sondern auch *Rechtspflegeleistungen* erbringen kann. Lediglich wenn im Ausland *Anwaltszwang* herrscht, ist das Einvernehmen mit einem am örtlichen Gericht zugelassenen Einvernehmensanwalt nachzuweisen. Die Einzelheiten ergeben sich aus den jeweiligen nationalen Gesetzen, durch die diese Richtlinie umgesetzt wird (siehe hierzu Teil 2, C).

Das *französische Umsetzungsdekret Nr. 72-468* war bereits Gegenstand einer gerichtlichen Überprüfung durch den EuGH. In einem von der EG-Kommission eingeleiteten Vertragsverletzungsverfahren hat der Gerichtshof zunächst festgestellt, daß die Dienstleistungsfreiheit auch für eigene Staatsangehörige mit einer Niederlassung in einem anderen EG-Staat gilt. Der in Luxemburg niedergelassene Franzose kann daher auch in Frankreich anwaltliche Dienstleistungen erbringen, ebenso wie umgekehrt ein in Frankreich niedergelassener Deutscher im Inland als Dienstleistungserbringer tätig sein darf. In der Praxis wohl bedeutungsvoller ist die Einschränkung, daß sich die Pflicht zum Einvernehmen nur auf gerichtliche Verfahren mit Anwaltszwang erstreckt und daß nicht bei der gesamten Vertretung oder der Vornahme einzelner Verfahrenshandlungen stets ein Einvernehmensanwalt hinzugezogen werden müsse (EuGH, Urt. v. 10. 7. 1991, Rs. C-294/89 Komm./Frankreich, NJW 1991, 3084). Da die von der fraglichen Regelung bezweckte Beschleunigung der Verfahren auch durch weniger stark einschränkende Maßnahmen sichergestellt werden könne, beispielsweise durch die Bestellung des Einvernehmensanwalts als Zustellungsbevollmächtigter, verstieß die französische Regelung gegen den EWG-Vertrag und die Dienstleistungsrichtlinie.

Hervorzuheben ist, daß der *ausländische Einvernehmensanwalt* am *Prozeßgericht* zugelassen sein muß. Die weitergehende Interpretation der Bundesrechtsanwaltskammer, nach dem Urteil könne „jeder Anwalt in Frankreich als Einvernehmensanwalt tätig werden" (BRAK-Mitt. 1991, 203, Tz. 9.8), stellt eine Fehlinterpretation des französischen Urteilstextes dar (siehe EuGH, in: NJW 1991, 3084, 3085, Tz. 29).

Es bedarf keines näheren Eingehens darauf, daß eine ordnungsgemäße Prozeßführung vor einem ausländischen Gericht ohnehin die genaue Kenntnis der dortigen Prozeßvorschriften, die gemäß dem international-privatrechtlichen *Grundsatz der lex fori* für das Verfahren maßgeblich sind, sowie des im Prozeß anwendbaren materiellen Rechts voraussetzt. Selbst wenn der im Ausland geführte Rechtsstreit nach deutschem Recht zu entscheiden sein sollte, dürfte sich bereits aus Haftungsgründen regelmäßig nicht empfehlen, das Mandat ohne Konsultation eines ausländischen Kollegen zu führen (zur Haftung bei internationaler Tätigkeit siehe Rinsche/Schlüter, ZAP Fach 23, S. 115; Raiser, NJW 1991, 2049; v. Paar, AnwBl. 1991, 496).

Auch der derzeit in der Diskussion befindliche *Entwurf einer EG-Richtlinie zur Dienstleistungshaftung,* nach dem eine Beweislastumkehr für den Verschuldensnachweis zu Lasten des Dienstleistenden vorgesehen ist (vgl. BRAK-Mitt. 1991, 138, 202, Tz. 9.2), ist ein Warnsignal, selbst wenn die Haftung für Vermögensschäden hiervon nicht umfaßt wird.

Es empfiehlt sich daher, entsprechende Kooperationen zwischen in- und ausländischen Anwaltskanzleien herzustellen, wie sie bei dem stetig wachsenden Kreis grenzüberschreitend tätiger deutscher Rechtsanwälte regelmäßig bereits bestehen, oder gar eine Zweigniederlassung oder grenzüberschreitende Sozietät zu gründen (s. dazu Teil 3).

III. Dienstleistungen im Inland

In Deutschland ist die für ausländische EG-Anwälte geltende Dienstleistungsrichtlinie durch das *Rechtsanwaltsdienstleistungsgesetz* (RADG) vom 16. 8. 1980 (BGBl I 1453) in nationales Recht umgesetzt worden.

Sofern kein Anwaltszwang besteht, können ausländische EG-Anwälte daher in- und ausländische Mandanten uneingeschränkt vor deutschen Behörden und Gerichten vertreten, ohne daß hierin ein Verstoß gegen Art. 1 § 1 Abs. 1 Satz 2 Nr. 6 RBerG zu sehen ist, oder eine *Zulassung als Prozeßagent* nach § 157 Abs. 3 ZPO erforderlich wäre.

Auch das RADG war bereits Gegenstand einer EuGH-Entscheidung, da zunächst vorgesehen war, daß der deutsche *Einvernehmensanwalt* selbst als Bevollmächtigter oder Verteidiger auftreten, in der mündlichen Verhandlung erscheinen und den jederzeitigen Nachweis des Einvernehmens führen mußte. Außerdem war der dienstleistende Anwalt in Verfahren mit Anwaltszwang dem *Lokalisationsprinzip* unterworfen worden. Der EuGH hat diese frühere strenge Einbindung in das nationale Recht als unvereinbar mit der Dienstleistungsfreiheit bezeichnet und derartige Einschränkungen nicht durch allgemeine Interessen als gerechtfertigt angesehen (EuGH, Urt. v. 25. 2. 1988, Rs. 427/85 Kommission/Bundesrepublik, NJW 1988, 878). Die genannten Erfordernisse standen außer Verhältnis zu den mit der Einvernehmenspflicht verfolgten Zielen, nämlich die notwendige Unterstützung des dienstleistenden Rechtsanwalts und die Funktionsfähigkeit des Verfahrens zu gewährleisten.

Bei dieser Gelegenheit hat der EuGH auch die Einbindung des dienstleistenden Anwalts in den Lokalisationsgrundsatz verworfen, denn nach § 52 Abs. 2 BRAO sollte der nicht bei dem Prozeßgericht zugelassene EG-Anwalt nur im Beistand eines zugelassenen Anwalts Ausführungen in Verfahren mit Anwaltszwang machen dürfen. Da der EG-Anwalt im Gegensatz zu den niedergelassenen Anwälten nur zeitlich begrenzte Dienstleistungen im Inland erbringt, ist der *Grundsatz der „territorialen Ausschließlichkeit"* auf ihn nicht anwendbar. Die Folge hiervon ist, daß der für alle in Deutschland niedergelassenen Anwälte geltende Lokalisationsgrundsatz (§ 78 Abs. 1 ZPO) für den ausländischen EG-Dienstleistungserbringer nicht mehr anwendbar ist, weil er eine unzulässige Beschränkung des EG-Grundrechts auf freien Dienstleistungsverkehr darstellt.

Ein EG-Anwalt kann daher als Dienstleistungserbringer an allen *Landgerichten* und *Oberlandesgerichten* mit *Simultanzulassung* als Prozeßbevollmächtigter auftreten, bei *Oberlandesgerichten* mit *Singularzulassung* nur, wenn er nicht in 1. Instanz tätig war (vgl. § 3 Abs. 1 S. 3 RADG und BGH, AnwBl 1992, S. 389). Eine Ausnahme besteht ferner für die „spezialisierte Anwaltschaft" beim *BGH*.

Die §§ 3, 4 RADG wurden dementsprechend geändert. Danach ist das *Einvernehmen* lediglich bei der ersten Handlung gegenüber den Behörden oder dem Gericht schriftlich nachzuweisen. Handlungen, für die der Nachweis des Einvernehmens im Zeitpunkt ihrer Vornahme nicht vorliegt, sind allerdings nach bisheriger Auffassung unwirksam. Meines Erachtens ist fraglich, ob diese strenge Rechtsfolge der Unwirksamkeit mit den Grundsätzen der Gleichbehandlung und des effektiven Rechtsschutzes in Einklang zu bringen ist. Den deutschen Kollegen ist es beispielsweise gestattet, ihre Legitimation, gegebenenfalls nach Fristsetzung, nachzureichen.

Auch der EuGH hat betont, daß grundsätzlich alle Beschränkungen des freien Dienstleistungsverkehrs zu beseitigen sind, um es dem Erbringer einer Dienstleistung zu ermöglichen, seine Tätigkeit „unter den Voraussetzungen auszuüben, welche dieser Staat für seine eigenen Angehörigen vorschreibt" (EuGH, Urt. v. 25. 2. 1988, Rs. 24/85, a. a. O. Tz. 39). Als fundamentaler Grundsatz des Vertrages dürfe die Dienstleistungsfreiheit nur durch Regelungen beschränkt werden, „die durch zwingende Gründe des allgemeinen Interesses gerechtfertigt sind" (so EuGH, Urt. v. 25. 7. 1991, Rs. C-76/90 Dennemeyer, EuZW 1991, 542 = AnwBl 1992, 33). In diesem Fall war einer britischen Firma zur Überwachung von Patenten von einem deutschen Patentanwalt ein Verstoß gegen das Wettbewerbsverbot und das Rechtsberatungsmißbrauchsgesetz vorgeworfen worden. Nach § 3 Nr. 2 RBerG ist die gesamte Tätigkeit zur Aufrechterhaltung gewerblicher Schutzrechte den Patentanwälten vorbehalten (so BGH, Urt. v. 12. 3. 1987, NJW 1987, 3005). Der EuGH hat jedoch die in diesem

Vorbehalt zugunsten der Patentanwälte liegende Beschränkung der Dienstleistungsfreiheit als unverhältnismäßig angesehen, da die verlangte berufliche Qualifikation für die konkrete Patentüberwachungstätigkeit auch unter Berücksichtigung der berechtigten Schutzbedürfnisse der Dienstleistungsempfänger nicht erforderlich sei (Tz. 17, 20).

Abgesehen davon, daß mit dieser Entscheidung das Rechtsberatungsgesetz keineswegs „seine Bewährungsprobe vor dem EuGH bestanden" hat (so die Einschätzung der BRAK in Mitt. 1991, 203, Tz. 9.7), da es gerade nur in korrigierter „EG-konformer Auslegung" weiter angewendet werden kann, hat der EuGH auch für den Bereich der Dienstleistungsfreiheit das *Verhältnismäßigkeitsprinzip* zum Maßstab erhoben. Hierdurch werden die Bedenken an der EG-Rechtmäßigkeit der neuen Bestimmungen des RADG erneut bestärkt.

IV. Dienstleistungen durch Drittstaater

Nach Art. 59 Abs. 1 EWGV gilt die Freiheit des Dienstleistungsverkehrs nur für Staatsbürger der EG. Allerdings kann der subjektive Anwendungsbereich durch *Ratsbeschluß* auf Staatsangehörige eines Drittlandes erstreckt werden, wenn sie innerhalb der Gemeinschaft ansässig sind (Art. 59 Abs. 2 EWGV). Dies ist – soweit ersichtlich – bisher jedoch nicht geschehen.

Erbringen Anwälte aus Drittstaaten „geschäftsmäßig" anwaltliche Dienstleistungen im Inland, und sei es auch nur beratender Art, unterliegen sie der *Erlaubnispflicht* des § 1 Abs. 1 S. 1 RBerG. Umgekehrt sind deutsche Rechtsanwälte den jeweiligen Vorschriften des Drittlandes unterworfen.

D. Ausblick

Wie die Rechtsänderungen in den §§ 29 a, 206 BRAO, §§ 1 ff. RADG sowie das Eignungsprüfungsgesetz vom 6. 7. 1990 zeigen, hat die europäische Niederlassungs- und Dienstleistungsfreiheit unmittelbare Auswirkungen auf das deutsche Anwaltsrecht. Bisher scheinbar unantastbare Grundsätze wie Residenzpflicht, Kanzleipflicht, Zweigstellenverbot und Lokalisationsgrundsatz erfahren zunehmend Modifikationen.

Besonders der Lokalisationsgrundsatz ist im Inland auf heftige Kritik gestoßen, nachdem der EuGH grenzüberschreitend tätigen EG-Anwälten die Freiheit zur Erbringung von Dienstleistungen ungeachtet des deutschen Lokalisationsgrundsatzes zugebilligt hat. Hierin wird immer wieder die Ursache einer *umgekehrten Diskriminierung* der in der Bundesrepublik zugelassenen deutschen Anwälte gesehen. Richtig hieran ist, daß sowohl nach der Rechtsprechung des Bundesgerichtshofs (BGH, Urt. v. 18. 9. 1989, AnwBl 1989, 671) wie des Bundesverfassungsgerichts (BVerfG, Urt. v. 8. 11. 1989, AnwBl 1989, 669) das Lokalisationsprinzip – ungeachtet der EuGH-Rechtsprechung – für niedergelassene Anwälte uneingeschränkt anwendbar bleibt und keinen verfassungsrechtlichen Bedenken ausgesetzt ist.

Die Konsequenz dieser Rechtsprechung ist, daß ausländischen Kollegen erleichterte Betätigungsmöglichkeiten vor deutschen Gerichten eingeräumt werden, wodurch deutsche Rechtsanwälte im Inland erhebliche *Wettbewerbsnachteile* erleiden können. Diese können auch nicht dadurch kompensiert werden, daß dem Einvernehmensanwalt die übliche Prozeß- bzw. Geschäftsgebühr als Bevollmächtigtem zusteht (§ 24 a BRAGO), wodurch die örtliche Anwaltschaft nicht vollständig ihres gebührenmäßigen Schutzes entkleidet wird. Allerdings könnte ein die deutsche Anwaltschaft insgesamt durch ausländische Dienstleistungserbringer treffender Wettbewerbsnachteil durchaus durch entsprechende Wettbewerbschancen im Binnenmarkt ausgeglichen werden, da deutsche Kollegen selbstverständlich gleichermaßen im Ausland auftreten können.

Unzutreffend wäre es jedoch, aus der EuGH-Rechtsprechung einen *EG-rechtlichen Anspruch auf Gleichbehandlung von hier niedergelassenen Anwälten* mit ausländischen Dienstleistungserbringern abzuleiten. Entgegen einer vielfach vertretenen Ansicht (vgl. Chemnitz, AnwBl 1991, 34), hat der EuGH keineswegs ein *EG-Grundrecht* geschaffen, das sich auch auf das Verhältnis der Bürger eines Mitgliedstaates untereinander anwenden ließe: Wie er vielmehr mehrfach entschieden hat, verstoßen nationale Vorschriften, die den Inländern strengere Pflichten auferlegen als den Ausländern, grundsätzlich nicht gegen das Gemeinschaftsrecht. Soweit es sich um innerstaatliche Sachverhalte handelt, können sich die Betroffenen nämlich nicht auf die Niederlassungs- oder Dienstleistungsfreiheit berufen (vgl. jüngst EuGH, Urt. v. 28. 1. 1992, Rs. C-332/90

Steen, EuZW 1992, 189; Heilbronner, EuZW 1991, 171, 174). Dieser Rechtsauffassung hat sich auch der Bundesgerichtshof angeschlossen (BGH, Urt. v. 18. 9. 1989, NJW 1990, 108; BGH, Urt. v. 4. 12. 1989, BRAK-Mitt. 1990, 107-DDR). Das Lokalisationsprinzip läßt sich daher EG-rechtlich kaum aus den Angeln heben.

Dies bedeutet indes nicht, daß nicht doch mittelbare Auswirkungen der EuGH-Rechtsprechung auf die Entwicklung der deutschen Rechtsprechung möglich sind, denn die sowohl vom Bundesgerichtshof wie vom Bundesverfassungsgericht angelegten Maßstäbe sind durchaus mit denjenigen des EuGH zu vergleichen: Auch die im Inland relevante Berufsausübungsfreiheit des Art. 12 GG verlangt eine Interessen- und Güterabwägung, die angesichts des vom EuGH gerade bei der Ausübung der Dienstleistungsfreiheit angewandten Verhältnismäßigkeitsgrundsatzes im Sinne einer Beseitigung der umgekehrten Diskriminierung umschlagen könnte.

Es ist nämlich keineswegs leicht nachvollziehbar, weshalb das *Verbot der Doppelzulassung* bei mehreren Landgerichten und damit das Lokalisationsprinzip durch „vernünftige Erwägungen des Gemeinwohls" gerechtfertigt sein sollte. Das Fehlen dieses Grundsatzes in allen anderen Gerichtszweigen und jüngste Stellungnahmen aus der Anwaltschaft legen vielmehr nahe, daß auch gerade der sogenannte „Landanwalt" keineswegs durch ein striktes Festhalten an diesem traditionellen Grundsatz gestützt wird (so eindrucksvoll Lechner, AnwBl 1991, 301). Die innere Legitimation des Lokalisationsgrundsatzes scheint daher endgültig weggefallen zu sein. Sollte die Rechtsprechung nichts desto trotz an überkommenen Grundsätzen dieser Art festhalten, sollte die Anwaltschaft sich nicht scheuen, eine politische Entscheidung herbeizuführen.

Teil 2:
Mandatsabwicklung über die Grenze: Postulationsfähigkeit oder Korrespondenzanwalt

A. Grenzüberschreitende Mandatsabwicklung

Schon in der Vergangenheit hat die enge wirtschaftliche Verflechtung in der Europäischen Gemeinschaft dazu geführt, daß anwaltliche Dienstleistungen für private und Wirtschaftsunternehmen nicht mehr allein auf die Bundesrepublik Deutschland beschränkt sind. Die Erschließung europäischer Märkte durch Wirtschaftsunternehmen und steigender Im- und Export machen es auch für die deutschen Anwälte notwendig, sich bei ihrer Tätigkeit für deutsche Mandanten auf die Europäisierung der Wirtschaftstätigkeit einzustellen. Schon jetzt hat sich daher für große und mittlere Kanzleien in Deutschland die Notwendigkeit ergeben, *Kooperationen* mit ausländischen Anwälten und Kanzleien einzugehen.

Diese Möglichkeit kommt allerdings nicht für alle Anwälte in Frage, zumal wenn sie nur vereinzelt für Mandanten tätig sind, die Geschäftsbeziehungen mit dem Ausland pflegen. Gleichwohl stellt sich für diese Anwälte die Frage, wie sie ihren Mandanten in Fällen mit Auslandsbezug beraten bzw. vertreten. Dies kann vom eigenen Büro aus erfolgen, aber auch, indem der Anwalt sich in einen anderen Mitgliedstaat begibt. Dabei wird es nur in den seltensten Fällen von Vorteil sein, selbst im Ausland als Anwalt aufzutreten. Zwar ergibt sich grundsätzlich aus den Regelungen des EWG-Vertrages über die Dienstleistung und der dazu ergangenen Rechtsanwaltsdienstleistungsrichtlinie die Möglichkeit, selbst im Ausland tätig zu werden. Im Normalfall wird es sich vielmehr dagegen als günstig erweisen, mit einem ausländischen Korrespondenzanwalt in Verbindung zu treten.

B. Eigenes Tätigwerden von Anwälten im EG-Ausland

Wie bereits ausgeführt, garantieren Art. 59 und 60 EWGV (vgl. Teil 1, B II) grundsätzlich die Möglichkeit, das deutsche Anwälte ihre Mandanten vor ausländischen Gerichten und Behörden selbst vertreten. Auch die bloße *Rechtsberatung* ist danach möglich. Die Einzelheiten hierzu ergeben sich aus den Regelungen der *Rechtsanwaltsdienstleistungsrichtlinie* (Richtlinie 77/249/EWG vom 22. 3. 1977, ABl. EG Nr. L 78 v. 26. 3. 1977, S. 17, zuletzt geändert am 12. 6. 1985 ABl. EG Nr. L 302, S. 9; s. Anhang), die durch das *Rechtsanwaltsdienstleistungsgesetz* vom 16. 8. 1980 (BGBl. I, S. 1453, geändert durch erstes Änderungsgesetz vom 14. 3. 1990, BGBl. I, S. 479) in deutsches Recht umgesetzt worden ist (vgl. dazu auch Kespohl-Willemer, AnwBl. 1991, 147). Mit dieser Richtlinie sind die Voraussetzungen für das Tätigwerden von Anwälten im EG-Ausland der gesamten Gemeinschaft harmonisiert und weitgehend gleich. Die Richtlinie ist in allen Mitgliedstaaten umgesetzt.

I. Geltungsbereich der Rechtsanwaltsdienstleistungsrichtlinie

Gemäß Art. 1 gilt die Richtlinie für alle rechtsanwaltlichen Tätigkeiten, die in Form der Dienstleistung ausgeübt werden.

Allerdings können die Mitgliedstaaten die *Abfassung förmlicher Urkunden,* mit denen das Recht zur Verwaltung des Vermögens verstorbener Personen verliehen oder mit denen ein Recht an Grundstücken geschaffen oder übertragen wird, bestimmten Gruppen von Rechtsanwälten vorbehalten.

II. Anerkennung als Rechtsanwalt und Berufsbezeichnung in einem anderen Mitgliedstaat

Gemäß Art. 2 Abs. 2 der Richtlinie sind unter *Rechtsanwalt* jeweils diejenigen Personen zu verstehen, die ihre beruflichen Tätigkeiten unter einer Bezeichnung in den Mitgliedstaaten auszuüben berechtigt sind, die im wesentlichen der deutschen Bezeichnung Rechtsanwalt entspricht. Art. 2 verpflichtet die Mitgliedstaaten zur Anerkennung für die Ausübung der genannten Tätigkeiten der dort genannten Personen.

Die Verpflichtung der Mitgliedstaaten, Rechtsanwälte gemäß Art. 2 anzuerkennen, führt aber nicht dazu, daß Anwälte berechtigt wären, unter der jeweils in den Mitgliedstaaten geltenden Berufsbezeichnungen aufzutreten. Gemäß Art. 3 der Richtlinie sind die Anwälte vielmehr dazu verpflichtet, die *Berufsbezeichnung* zu führen, unter der sie im *Heimatstaat* zugelassen sind. Dies hat zur Folge, daß deutsche Anwälte auch bei einem Auftreten im Ausland grundsätzlich unter der Bezeichnung „Rechtsanwalt" aufzutreten haben.

III. Beachtung der Standesregeln

Art. 4 Abs. 1 bestimmt, daß ein ausländischer Rechtsanwalt die mit der Vertretung oder der Verteidigung eines Mandanten im Bereich der Rechtspflege oder vor Behörden zusammenhängenden Tätigkeiten im jeweiligen Aufnahmestaat nur unter den in für diesem Staat niedergelassenen Rechtsanwälten vorgesehenen Bedingungen ausübt, wobei jedoch das Erfordernis eines *Wohnsitzes* sowie der *Zugehörigkeit zu einer Berufsorganisation* in diesem Staat nicht erfüllt werden muß. Dies hat zur Folge, daß grundsätzlich für einen im Ausland tätigen deutschen Rechtsanwalt die Berufsregelungen des Staates verbindlich sind, in dem er seinen Mandanten vertritt.

Zudem ist er gemäß Art. 4 Abs. 2 ebenfalls verpflichtet, neben den Standesregelungen des Aufnahmestaates auch die ihm in der Bundesrepublik obliegenden Verpflichtungen einzuhalten. Art. 4 Abs. 4 bestimmt, daß Anwälte für Tätigkeiten, die nicht mit der Vertretung oder Verteidigung eines Mandates im Bereich der Rechtspflege oder vor Behörden zusammenhängen, lediglich den Bedingungen und Standesregeln unterworfen bleiben, die in seinem Herkunftsstaat gelten. Zudem muß er nach dieser Regelung die im Aufnahmestaat geltenden Regelungen über die Ausübung des Berufs, insbesondere in Bezug auf die Unvereinbarkeit zwischen den Tätigkeiten des Rechtsanwalts und anderen Tätigkeiten in diesem Staat, das Berufsgeheimnis, die Beziehung zu Kollegen, das Verbot des Beistandes für Parteien mit gegensätzlichen Interessen durch denselben Rechtsanwalt und die Werbung einhalten. Dabei gilt gemäß Art. 4 Abs. 4 S. 2, daß die Regeln allerdings nur insoweit anwendbar sind, als sie von einem Rechtsanwalt beachtet werden können, der nicht im Aufnahmestaat niedergelassen ist.

IV. Verhalten bei der Vertretung vor Gericht

Art. 5 räumt den Mitgliedstaaten das Recht ein, für die Ausübung der Tätigkeiten, die mit der Vertretung von Mandanten im Bereich der Rechtspflege verbunden sind, den dienstleistenden Rechtsanwälten die Bedingung aufzuerlegen, die

- nach den örtlichen Regeln oder Gepflogenheiten beim Präsidenten des Gerichts oder ggf. beim zuständigen Vorsitzenden der Anwaltskammer des Aufnahmestaates eingeführt sind sowie

- diese Anwälte im Einvernehmen entweder mit einem bei dem angerufenen Gericht zugelassenen Rechtsanwalt der ggf. diesem Gericht gegenüber die Verantwortung trägt oder mit einem bei diesem Gericht tätigen „avoué" oder „procuratore" handelt.

V. Einschränkungen für Syndikusanwälte

Art. 6 regelt die Möglichkeit der Mitgliedstaaten, Rechtsanwälte, die in einem vertraglichen Verhältnis mit staatlichen oder privaten Unternehmen stehen, von der Ausübung der Vertretung oder Verteidigung im

Bereich der Rechtspflege für dieses Unternehmen auszuschließen, soweit die in diesem Staat ansässigen Rechtsanwälte diese Tätigkeit ebenfalls nicht ausüben dürfen (Grundsatz der Inländergleichbehandlung).

VI. Behandlung von Pflichtverletzungen im EG-Ausland

Art. 7 Abs. 1 regelt die Möglichkeit der Aufnahmestaaten, von den Dienstleistungserbringern den Nachweis der Eigenschaft des Rechtsanwaltes zu erbringen. Zudem kann gemäß Art. 7 Abs. 2 die zuständige Stelle des Aufnahmestaates nach den eigenen Rechts- und Verfahrensregeln über die rechtlichen Folgen eines Verstoßes bzw. einer Verletzung der im Aufnahmestaat geltenden Verpflichtung i. S. d. Art. 4 der Richtlinie entscheiden.

Aus den Regelungen der Richtlinie ergibt sich somit, daß auch der Bereich der rechtsanwaltlichen Dienstleistungsfreiheit durch den *Grundsatz der Inländergleichbehandlung* gekennzeichnet ist.

Darüber hinaus stehen solche nationalen Vorschriften mit der Dienstleistungsfreiheit für Rechtsanwälte nicht in Einklang, die den ausländischen Rechtsanwalt versteckt diskriminieren, indem sie vom dienstleistenden Anwalt einen ständigen Aufenthalt im Gastland verlangen (EuGH, Urt. v. 3. 12. 1974, Rs. 33/74 Van Binzbergen, EuGHE 1974, 1299 = NJW 1975, 1095). Über das Prinzip der Inländergleichbehandlung hinaus verstoßen aber auch alle nationalen Regelungen gegen Art. 59 und 60 EWGV – selbst wenn sie für Inländer und Ausländer gleichermaßen gelten –, die geeignet sind, die Tätigkeit eines Dienstleistungserbringers zu unterbinden oder zu behindern (EuGH, Urt. v. 25. 7. 1991, Rs. C-76/70, EuZW 1991, 542).

VII. Checkliste für die Tätigkeit im Ausland

Für den deutschen Anwalt, der seine Dienstleistungen somit im Ausland erbringen will, gilt folgendes:

- Es besteht keine Residenzpflicht.
- Eine Pflicht zur Kammerzugehörigkeit in dem Staat, in dem die anwaltliche Tätigkeit erbracht werden soll, gilt nicht.

- Der deutsche Anwalt ist den Rechtsvorschriften und Standesregelungen unterworfen, die für einen im Gastland beheimateten Rechtsanwalt gelten.

- Vor Behörden oder Gerichten darf er nur dann tätig werden, wenn er dies im Einvernehmen mit einem im Gastland zugelassenen Rechtsanwalt vor Behörden und Gerichten auftritt, sofern dies von den nationalen Vorschriften verlangt wird.

- Er darf nur die in der Sprache seines Herkunftslands gültige Berufsbezeichnung unter Angabe des Zulassungsgerichts bzw. seiner heimatlichen Berufsorganisation verwenden, die Führung der ausländischen Berufsbezeichnung ist nicht erlaubt.

Die Frage, ob sich ein deutscher Anwalt im EG-Ausland somit eines *Korrespondenzanwalts* bedienen muß oder selbst *postulationsfähig* ist, richtet sich somit nach dem jeweiligen nationalen Recht des Staates, in dem er auftreten will (s. dazu im einzelnen Punkt C). Herrscht dort Anwaltszwang, so ist in der Regel davon auszugehen, daß er sich vor dem Gericht eines Einvernehmensanwalts des Gastlandes bedienen muß.

C. Bestimmungen der EG-Mitgliedstaaten für das Auftreten ausländischer Anwälte vor ihren Gerichten

Die Möglichkeit eines deutschen Anwalts, vor Gerichten in anderen Mitgliedstaaten aufzutreten, bemißt sich nach der Richtlinie über rechtsanwaltliche Dienstleistungen danach, inwieweit vor den dortigen Gerichten *Anwaltszwang* herrscht oder nicht. Die Regelungen sind uneinheitlich.

Belgien: Grundsätzlich herrscht Anwaltszwang für die Verfahren vor den Land- und den Appelationsgerichten. Kein Anwaltszwang herrscht für die Verfahren vor den Friedensgerichten, die bis zu einem Streitwert von 25.000 Belgischen Francs zuständig sind. Die belgischen Umsetzungsbestimmungen sehen vor, daß der ausländische Anwalt mit einem zugelassenen oder beim zuständigen Gericht tätigen Einvernehmensanwalt auftreten muß. Zudem muß er vor der Verhandlung beim Vorsitzenden der Anwaltskammer und dem Gerichtspräsidenten eingeführt werden.

Dänemark: Grundsätzlich herrscht in Dänemark für die Vertretung vor den Gerichten kein Anwaltszwang. Die Richtlinienumsetzung sieht vor, daß der ausländische Anwalt vor Gericht von einem dänischen, beim Gericht zugelassenen Anwalt begleitet werden muß.

Frankreich: Grundsätzlich herrscht Anwaltszwang vor allen Gerichten. Ausländische Anwälte müssen vom Vorsitzenden der Anwaltskammer bei Gericht eingeführt sein. Die Zusammenarbeit mit einem bei dem entsprechenden Gericht zugelassenen französischen Einvernehmensanwalt ist notwendig.

Griechenland: Vor Gericht muß der ausländische Anwalt mit einem griechischen, bei diesem Gericht zugelassenen Einvernehmensanwalt tätig werden. Sowohl vor einer gerichtlichen wie behördlichen Vertretung müssen dem Vorsitzenden der örtlichen Anwaltskammer gegenüber die Eigenschaft als Rechtsanwalt nachgewiesen werden.

Großbritannien: Die Anwaltschaft in Großbritannien ist zweigeteilt mit unterschiedlichen Funktionen (Barrister und Solicitors, vgl. *Triebe,* Wie findet man den „richtigen" Anwalt in England, in: Gleiss, Facetten des Anwaltsberufs, 1990, 182, 184 ff.). Die britischen Regelungen zur Umsetzung der Richtlinie sehen vor, daß der ausländische Rechtsanwalt im Einvernehmen mit einem Solicitor oder Barrister auftreten muß, sofern diese postulationsfähig sind. Dies gilt für das gerichtliche wie auch das behördliche Verfahren.

Irland: In Irland ist ein Auftreten vor Gericht nur mit Hilfe eines Einvernehmensanwalts möglich, der beim betreffenden Gericht auftreten darf.

Italien: Grundsätzlich herrscht Anwaltszwang. Eine Ausnahme gilt für Streitigkeiten vor dem Conciliatori, der zuständig für Mietsachen und bewegliche Gegenstände bei einem Streitwert bis zu 1 Million Lire ist.

Luxemburg: Anwaltszwang herrscht für die Verfahren vor den Bezirksgerichten (zweite Instanz). Ausländische Anwälte müssen sich eines Einvernehmensanwalts bedienen und sowohl beim Gerichtspräsidenten wie beim Vorsitzenden der Anwaltskammer eingeführt sein.

Niederlande: Grundsätzlich herrscht Anwaltszwang. Eine Ausnahme gilt für die Kantonsgerichte, deren Zuständigkeit vergleichbar mit den deutschen Amtsgerichten ist. Das niederländische Anwaltsgesetz schreibt einen „Zusammenarbeitsanwalt" für die Verfahren vor, in den der Anwaltszwang herrscht.

Portugal: In Portugal darf die Vertretung vor Gericht durch einen ausländischen Anwalt nur unter Hinzuziehung eines Einvernehmensanwalts erfolgen. Der portugiesischen Rechtsanwaltskammer ist die zu erbringende Dienstleistung anzuzeigen.

Spanien: Rechtsanwälte müssen sich bei der jeweils örtlichen Rechtsanwaltskammer vorstellen, bevor sie tätig werden. Die Rechtsanwaltskammer benachrichtigt das Gericht, an dem der ausländische Anwalt tätig werden möchte.

                       Für die Verfahren, in denen Anwaltszwang herrscht, kann der ausländische Rechtsanwalt nur mit einem spanischen Einvernehmensanwalt auftreten.

Die Vorschriften in den verschiedenen Mitgliedstaaten sehen über diese oben geschilderten Grundzüge weitere *Formerfordernisse* vor, wie z. B. eine rechtzeitige Vorstellung bei Gericht u. ä. Es empfiehlt sich daher, im Einzelfall die entsprechenden ausländischen Bestimmungen zu prüfen. Sie können größtenteils beim *Deutschen Anwaltsverein* in Bonn angefordert werden.

Da die Richtlinie gem. Art. 4 vorschreibt, daß sowohl die Standesregeln des Aufnahme- wie des Heimatstaates zu berücksichtigen sind, hat der *Europäische Anwaltsverein* – nicht überall – verbindliche *Standesregeln* erarbeitet (s. Anhang III).

Der Nachweis über die Eigenschaft des Rechtsanwaltes kann durch *Anwaltsausweis* geführt werden, der von den Anwaltskammern ausgestellt wird. Die Notwendigkeit, sich eines im Gastland beheimateten Rechtsanwalts zu bedienen, läßt sich damit begründen, daß die Funktionsfähigkeit des Verfahrens gewährleistet werden soll und der eine Dienstleistung erbringende Rechtsanwalt in der Regel nicht über die notwendigen Kenntnisse des formellen und materiellen Rechts des Gastlandes verfügt. Nur die wenigsten Anwälte werden in der Tat über die notwendigen Kenntnisse des ausländischen Rechts verfügen, insbesondere wenn sie nur selten Fälle mit Auslandsbezug zu vertreten haben. Aus diesen Gründen empfiehlt es sich für die wenigsten deutschen Anwälte, selbst im Ausland tätig zu werden, selbst wenn dies ohne Einschaltung eines ausländischen Anwalts möglich ist. Zweckmäßig erscheint es vielmehr in solchen Fällen, sich eines ausländischen Korrespondenzanwalts zu bedienen. Dabei ist es nicht immer einfach, einen geeigneten ausländischen Kollegen ausfindig zu machen, der zudem ggf. über die notwendigen deutschen Sprachkenntnisse verfügt.

D. Zusammenarbeit mit einem ausländischen Korrespondenzanwalt

Um einen Korrespondenzanwalt im EG-Ausland (vgl. allgemein auch die Beiträge in Gleiss (Hrsg.), Facetten des Anwaltsberufes, 1990) ausfindig zu machen, kann man sich zunächst an die jeweiligen *Auslandshandelskammern* (Adressen s. Anhang) wenden. Ein Verzeichnis kann beim Deutschen Industrie- und Handelstag in Bonn angefordert werden. In der Regel arbeiten diese Handelskammern mit deutschsprachigen Anwälten zusammen.

- Deutscher Industrie- und Handelstag
  Postfach 14 46
  Adenauerallee 148
  53113 Bonn 1
  Tel.: 02 28 / 1 04 - 0
  Fax: 02 28 / 1 04 - 1 58

Darüber hinaus arbeiten die deutschen Botschaften und Konsulate mit sogenannten *Vertrauensanwälten* zusammen, die ebenfalls über deutschsprachige Kenntnisse verfügen.

Als Korrespondenzanwälte kann man auch ausländische Anwälte einschalten, die als *außerordentliche Mitglieder* dem *Deutschen Anwaltverein* (DAV) angehören. Sie müssen für die Mitgliedschaft den Nachweis erbracht haben, in deutscher Sprache korrespondieren zu können. Ein entsprechendes Verzeichnis wird vom DAV zugesandt.

- Deutscher Anwaltverein
  Postfach 19 01 04
  Adenauerallee 106
  53113 Bonn 1
  Tel.: 02 28 / 26 07 - 0
  Fax: 02 28 / 26 07 46 / 42 / 57

In den verschiedenen Mitgliedstaaten existieren ebenfalls *Anwaltsvereinigungen,* an die man entsprechende Anfragen richten kann. Einzelempfehlungen werden aber wie in der Bundesrepublik auch i. d. R. nicht zu erhalten sein. Erfolgversprechender erscheint daher auch die Kontaktaufnahme mit einer bi-lateralen Juristenvereinigung (vgl. die Übersicht von Clausnitzer, Jura 1990, 287, 292).

Teil 3:

Grenzüberschreitende anwaltliche Kooperationsformen

A. Vorbemerkung

Bereits in der Vergangenheit hat sich gezeigt, daß die Bestimmungen des europäischen Gemeinschaftsrechts die Möglichkeiten der Berufsausübung juristisch ausgebildeter Personen erheblich beeinflußt haben (vgl. insbes. Teil 1). Dennoch wurde bisher selbst in einer breiteren Fachöffentlichkeit kaum diskutiert, welche Auswirkungen sich aus den gemeinschaftsrechtlichen Vorgaben insbesondere für die Rechtsanwaltschaft ergeben würden: Noch die Diskussionen auf dem 58. Juristentag in München im Jahre 1990 enthielten kaum Beiträge zum Gemeinschaftsrecht und den hierdurch gebotenen Modifikationen der anwaltlichen Berufsausübung.

Spätestens der Binnenmarkt 1993 dürfte jedoch den Beteiligten klargemacht haben, daß auch die BRD für die deutschen Rechtsanwälte keine „Insel der Seeligen" mehr ist, sondern daß sich ein hart umkämpfter

Dienstleistungsmarkt entwickelt. Die Zeichen sind deutlich zu erkennen: Niederlassungen großer, insbesondere englischer *law firms* mit Hauptsitz in der Londoner City drängen ebenso nach Deutschland wie die großen US-amerikanischen Kanzleien. Umgekehrt unterhalten deutsche Sozietäten ausländische Büros, wobei in der Vergangenheit Brüssel – zur Bewältigung EG-spezifischer Mandate – und New York bevorzugte Standorte waren.

B. Formen grenzüberschreitender Zusammenarbeit von Anwälten

Die möglichen Formen, in denen sich Anwälte verschiedener EG-Mitgliedsstaaten zur Erbringung von Dienstleistungen auf dem Gebiet der Rechtsberatung zusammenschließen, variieren erheblich.

I. Ständige Kooperation

Die einfachste dieser Formen stellt die ständige Kooperation dar. Hierbei vereinbaren mehrere Rechtsanwälte oder Sozietäten aus verschiedenen Staaten, ihre jeweiligen Mandanten, die Beratungsbedarf in dem Recht eines anderen Staates haben, an den in dem jeweiligen anderen Staate ansässigen Kooperationspartner zu vermitteln. Auch wenn derartige Kooperationen nicht auf Rechtsanwälte aus EG-Staaten beschränkt sind, so hat sich gerade im Hinblick auf den Binnenmarkt 1993 die Herausbildung EG-spezifischer Kooperationen verstärkt.

1. Gesellschaftsrechtliche Aspekte

Die ständige Kooperation bewirkt keine gesellschaftsrechtliche Bindung ihrer Mitglieder untereinander. Es entsteht *keine grenzüberschreitende Sozietät,* bei der die Mitglieder gemeinschaftlich das wirtschaftliche Risiko der Berufsausübung tragen; vielmehr handelt jeder Kooperationspartner grundsätzlich weiter auf eigenes wirtschaftliches Risiko: *Regreßansprüche* zwischen den Partnern eines Kooperationsverbundes sind möglich.

Hinsichtlich des *Verhältnisses zwischen den Kooperationspartnern und dem Mandanten* bestehen verschiedene Ausgestaltungsmöglichkeiten:

- Der ausländische Anwalt kann rein intern von seinem deutschen Kollegen mit der Lösung ausländischer Rechtsprobleme beauftragt werden. In diesem Fall bestehen vertragliche Beziehungen allein zwischen dem inländischen Anwalt und seinem Mandanten; der inländische Anwalt übernimmt dem Mandanten gegenüber die *Gewähr für die Richtigkeit der Beratung* des ausländischen Kollegen. Sicherzustellen ist dabei, daß der Mandant nicht mit den bei ausländischen Kooperationspartner anfallenden *Gebühren* doppelt belastet wird und daß dem Mandanten nicht das *Risiko einer Falschberatung* durch den Kooperationspartner aufgebürdet wird, was durch entsprechende Versicherungen zu gewährleisten ist.

- Gebietet der konkrete Fall die Inanspruchnahme umfangreicher Beratungsleistungen sowohl über inländisches wie ausländisches Recht, empfiehlt es sich regelmäßig, die Mandanten auch vertraglich unmittelbar mit dem ausländischen Kooperationspartner zu binden. Bei einer solchen Gestaltung stellen sich für den deutschen Anwalt keine Probleme der *Risikoübernahme* und nachfolgender *Haftungsversicherung*. Der jeweilige Rechtsanwalt bleibt allein verantwortlich für die Beratung über sein nationales Recht.

2. Standesrechtliche und wettbewerbsrechtliche Aspekte

Angesichts der losen und variabel handhabbaren Form der Zusammenarbeit sind ständige Kooperationen in der Vergangenheit weniger unter gesellschaftsrechtlichen als vielmehr unter standes- und wettbewerbsrechtlichen Gesichtspunkten behandelt worden.

Es ist naheliegend, daß die Mitglieder eines Kooperationsverbundes auf ihre Mitgliedschaft aufmerksam machen wollen. Regelmäßig geschieht dies durch entsprechende Hinweise auf den *Briefköpfen, Kanzleischildern, Visitenkarten* etc. Es stellt sich dann die Frage, ob hierin ein Verstoß gegen das *Verbot gezielter Praxiswerbung* begründet liegt, das trotz der Entscheidungen des BVerfG zum anwaltlichen Standesrecht (NJW 1988, 191, 193; NJW 1988, 194, 195) weiterhin Geltung beansprucht. Nach der verfassungsgerichtlichen Judikatur und der ihr insoweit folgenden Rechtsprechung der Fachgerichte sowie der Literatur ist allerdings zu unterscheiden zwischen der (verbotenen) *Mandatswerbung* einerseits, die als reklamehaftes Sich-Herausstellen definiert werden kann, und der (zulässigen) *Informationswerbung* andererseits.

Der sachlich zutreffende Hinweis auf ständige ausländische Kooperationspartner stellt sich als Informationswerbung dar, da der Rechtssuchende ein berechtigtes Interesse daran hat, daß sein inländischer Anwalt ihm im Bedarfsfall einen ausländischen Kollegen vermitteln kann, mit dem der inländische Anwalt ständig zusammenarbeitet und dessen Arbeitsweise und Zuverlässigkeit daher bekannt ist.

II. Europäische Wirtschaftliche Interessenvereinigung (EWIV)

Durch Verordnung (EWG) Nr. 2137/85 v. 25. 7. 1985 (ABl EG Nr. L 199 v. 27. 7. 1985, S. 1) wurde gemeinschaftsrechtlich die Möglichkeit geschaffen, den Zusammenschluß in einer von den nationalen Rechtsordnungen zu großen Teilen unabhängigen Gesellschaftsform zu wählen (vgl. dazu insgesamt Harnier, IWB Fach 11 EG, Gr. 3 S. 13, Mattausch, IWB Fach 11 EG, Gr. 3 S. 21).

1. Zulässige Tätigkeiten der EWIV

Die EWIV kann ihrem Zweck nach nur Hilfstätigkeiten für die Betätigung ihrer Mitglieder ausüben; sie soll deren Betätigung erleichtern und entwickeln sowie die Ergebnisse dieser Tätigkeit verbessern oder steigern. Der EWIV ist es daher nicht möglich, etwa selbst eine freiberufliche Tätigkeit auszuüben. Als Tätigkeitsbereich der EWIV kommt damit insbesondere die *Vermittlung von Mandanten* an solche Mitglieder der EWIV in Betracht, auf deren Spezialisierungsgebiet der Mandant Rechtsrat sucht. Weiter bietet sich die EWIV als Vereinigung an, um eine sowohl von der EWIV wie auch von deren Mitgliedern zu nutzende Ausstattung zu gewährleisten. In fachlicher Hinsicht wird die EWIV in Anspruch genommen, um grenzüberschreitend die unmmittelbar oder mittelbar über Sozietäten der EWIV angeschlossenen Rechtsanwälte zu schulen sowie für die Mandantschaft umfangreichere *Informationsmaterialien* etwa über die Umsetzung gemeinschaftsrechtlicher Richtlinien in den jeweiligen Mitgliedstaaten erstellen zu können.

2. Mandatsverhältnisse

Infolge des Verbots der selbständigen Ausübung freiberuflicher Tätigkeit kann die EWIV nicht selbst rechtsberatend tätig werden. Die Mitglieder der EWIV bleiben daher – sofern nicht besondere Vereinbarungen mit den Mandanten getroffen werden – diesen gegenüber allein verpflichtet. Berufs- und ggf. strafrechtlich bewehrte *Geheimhaltungspflichten* gelten auch gegenüber den anderen Mitgliedern der EWIV; zwischen den Mitgliedern sind somit die aus dem angelsächsischen Rechtskreis bekannten „chinese walls" zu ziehen.

3. Organisationsstrukturen der EWIV

Mitglieder einer EWIV können natürliche Personen sein, die bestimmte, u. a. freiberufliche Tätigkeiten in der Gemeinschaft ausüben; ebenso kommen Gesellschaften im Sinne des Art. 59 Abs. 2 EWGV in Betracht, die ihren Sitz und ihre Hauptverwaltung innerhalb der Gemeinschaft haben. Ist ein satzungsmäßiger oder gesetzlicher Sitz – wie etwa bei der deutschen Sozietät in Form der Gesellschaft bürgerlichen Rechts – nicht erforderlich, so reicht es aus, daß sich die Hauptverwaltung innerhalb der Gemeinschaft befindet.

Angesichts der Unzuständigkeit der Gemeinschaft für rein nationale Sachverhalte ist es selbstverständlich, daß sich nur Gesellschaften oder natürliche Personen aus mindestens zwei verschiedenen Mitgliedstaaten der Gemeinschaft zu einer EWIV zusammenschließen können.

Die VO gestattet es somit sowohl Einzelanwälten als auch Sozietäten, sich grenzüberschreitend zu einer EWIV zu vereinigen.

Notwendige Organe der EWIV sind die gemeinschaftlich handelnden Mitglieder und der oder die Geschäftsführer; durch den Gründungsvertrag können weitere Organe und deren Befugnisse festgelegt werden.

Ein besonderer Vorteil der EWIV liegt in der Möglichkeit der Bestellung eines oder mehrerer *Geschäftsführer,* die nicht notwendig zugleich Mitglied der EWIV sein müssen. Das schwerfällige, wenn auch disponible Prinzip der Gesamtgeschäftsführung der deutschen Gesellschaft bürgerlichen Rechts kann damit durch eine einfach zu handhabende *„Managementbestellung"* ersetzt werden.

Der *Gründungsvertrag* muß zumindest Namen, Sitz und Gegenstand der EWIV sowie die Angaben zu jedem ihrer Mitglieder EWIV enthalten. Der EWIV ist es dabei nach h. M. auch in Deutschland möglich, eine vom Bestand ihrer Mitglieder unabhängige *„Sachfirma"* zu wählen und hierdurch *vom Berufsrecht unbehelligt Werbeeffekte* zu erzielen.

Soweit nicht besondere Vorschriften in der VO enthalten sind, bestimmt der Sitz das auf den Gründungsvertrag im übrigen anwendbare Recht. Zumindest eines der Mitglieder muß daher auf das ihm gewohnte Heimatrecht verzichten. Vom auf die EWIV anwendbaren Recht des Sitzstaates ist jedoch streng das Recht zu trennen, welches für die *gesellschaftlichen Innenbeziehungen der EWIV-Mitglieder* selbst gilt: Ist eine deutsche Anwaltssozietät EWIV-Mitglied, so gilt innerhalb dieser Sozietät selbstverständlich weiterhin deutsches Recht.

Ähnlich der *Haftung* bei Personengesellschaften deutschen Rechts haften die Mitglieder *unbeschränkt und als Gesamtschuldner* für die Verbindlichkeiten der EWIV. Die Haftung ist allerdings auf einen Zeitraum von fünf Jahren ab Bekanntmachung des Ausscheidens eines Mitglieds beschränkt.

Die Haftung beschränkt sich jedoch auf die Verbindlichkeiten der EWIV selbst. Da diese keine Rechtsberatung ausübt, besteht für die Mitglieder der EWIV keine Gefahr, für *Beratungsfehler* eines anderen Mitglieds einstehen zu müssen.

4. Steuerrechtliche Aspekte

Es darf nicht Zweck der EWIV sein, eigene Gewinne zu erzielen. Gewinne der EWIV gelten daher als Gewinne der Mitglieder und sind auf diese entsprechend den gesellschaftsvertraglichen Bestimmungen, bei deren Fehlen gleichmäßig aufzuteilen. Das Ergebnis der EWIV ist daher steuerlich bei ihren Mitgliedern zu erfassen; die EWIV ist *steuerlich transparent* und in der Bundesrepublik ausdrücklich als *Personengesellschaft* zu behandeln.

Im Einzelfall kann jedoch fraglich sein, ob Angehörige einer EWIV durch diese gewerbliche Einkünfte erzielen – etwa bei Beteiligung eines Berufsfremden, aus Verkaufstätigkeiten oder aus Vermittlungs-, Vermögensverwaltungs- oder Treuhandtätigkeiten, die nicht untrennbar mit der freiberuflichen Tätigkeit in Zusammenhang stehen. Daß die EWIV nicht den Zweck der Gewinnerzielung hat, schließt nicht aus, daß eine gewerbliche Tätigkeit ausgeübt wird, da die Gewinnerzielung auch Nebenzweck sein kann. Wird gewerbliches Einkommen von ansonsten freiberuflich tätigen Mitgliedern einer Sozietät erzielt, so wird nach deutschem Steuerrecht insgesamt – d. h. hinsichtlich aller Einkünfte – das *Vorliegen eines Gewerbebetriebes* fingiert (sog. Abfärbetheorie, § 15 Abs. 3 Nr. 1 EStG). Nach einem Erlaß des Bundesministers der Finanzen soll dennoch die Tätigkeit der Freiberufler selbst durch die gewerbliche Betätigung der EWIV unberührt bleiben (vgl. BMF-Schreiben vom 15. 11. 1988 – IV C 5 – S 1316-67/88, abgedruckt in: IWB Gesetze Fach 3 Gr. 1 S. 207).

III. Gemeinschaftsrechtliche überörtliche Sozietät

1. Europarechtliche Aspekte

Durch die Rechtsprechung des EuGH ist inzwischen geklärt, daß ein (in einem Mitgliedstaat der EG zugelassener) Anwalt neben seiner inländischen Kanzlei auch Niederlassungen in anderen EG-Staaten betreiben darf, selbst wenn das jeweilige nationale Recht der Niederlassungsstaaten Mehrfachniederlassungen verbietet (s. dazu Teil 1).

Neben natürlichen Personen sind gemäß Art. 58 EWGV auch Gesellschaften vom persönlichen Schutzbereich der Niederlassungsfreiheit erfaßt. Trotz der mißverständlichen Formulierung des Art. 58 Abs. 2 EWGV („sonstige juristische Personen") können sich auch Gesellschaften ohne Rechtspersönlichkeit und mithin auch die Gesellschaft bürgerlichen Rechts, zu der sich in Deutschland Rechtsanwälte zusammenschließen, auf die Niederlassungsfreiheit berufen.

Da die Sozietät ihre Tätigkeit im Inland weiter ausüben wird, sind bei Erweiterung der wirtschaftlichen Betätigung auf das Ausland die Regeln des Art. 52 Abs. 1 Satz 2 EWGV über die Gründung sekundärer Niederlassungen einschlägig. Der die Sozietät im Ausland vertretende Partner unterliegt danach denselben Regeln wie ein sich im Ausland niederlassender Einzelanwalt. Will er die ausländische Berufsbezeichnung führen, muß er die hierfür geltenden Bestimmungen erfüllen, andernfalls kann er nur die ihm nach dem Recht seines Heimatlandes zustehende Berufsbezeichnung führen.

In der Praxis hat es sich insbesondere als Problem erwiesen, ob Sozietäten, bei denen nur Angestellte – nicht aber die *im Ausland residierenden Partner* – die ausländischen Zulassungsvoraussetzungen erfüllen, unter dem Namen der Sozietät residieren und etwa in Verfahren mit Anwaltszwang *unter dem Namen der Sozietät* auftreten können. Daß ausländische Sozietäten inländische Anwälte anstellen können, ist unproblematisch; soweit ersichtlich, finden sich zu dem angesprochenen Problem weder in den Urteilen des EuGH noch in den nationalen Rechtsvorschriften, die die Betätigung ausländischer Anwälte regeln, weitere Aussagen. Man wird daher auf das allgemeine *Diskriminierungsverbot,* welches auch für Gesellschaften gilt, zurückgreifen und für den Fall, daß nach nationalen Vorschriften ein angestellter Rechtsanwalt die Sozietät vertreten darf, diese Möglichkeit auch ausländischen Gesellschaften zugestehen müssen.

2. Gesellschaftsrechtliche Aspekte

Daß auch deutsche Rechtsanwälte inzwischen überörtliche Sozietäten begründen können, ist angesichts der neueren Rechtsprechung unproblematisch (vgl. BGH NJW 1989, 2890; NJW 1991, 49).

Ein wesentliches Merkmal der Sozietät ist es, daß alle ihre Mitglieder berechtigt sind, mit Wirkung für jedes andere Mitglied den Vertrag über die Erbringung von Rechtsanwaltsleistungen abzuschließen; jedes Mitglied aus auch von ihm nicht selbst abgeschlossenen Verträgen berechtigt und verpflichtet. Dem traditionellen Vorstellungsbild entspricht damit auch die *gesamtschuldnerische und grundsätzlich unbeschränkte Haftung der Sozien.*

Die *Bildung einer überörtlichen Sozietät* kommt regelmäßig in zwei Formen vor:

- Ein bisher rein national tätiger Zusammenschluß von Rechtsanwälten – in Deutschland nur in Form der Gesellschaft bürgerlichen Rechts möglich – überschreitet die staatlichen Grenzen durch Eröffnung eines ausländischen Büros. In einem solchen Falle bleibt das auf den *Gesellschaftsvertrag* anwendbare nationale Recht weiterhin anwendbar. Eröffnet etwa die bisher allein in Deutschland tätige überörtliche Sozietät ein Büro in Brüssel, so wird sich an der Anwendbarkeit deutschen (Gesellschafts-)Rechts auf den *Sozietätsvertrag* nichts ändern.

• Soll dagegen eine grenzüberschreitende Sozietät durch den Zusammenschluß zweier verschiedennationaler Anwälte oder bereits bestehender Sozietäten gebildet werden, stellt sich das Problem des maßgeblichen Rechtes. Nach herrschender Meinung im gesellschaftsrechtlichen Schrifttum sind alle *gesellschaftsrechtlichen Beziehungen* grundsätzlich einem *einheitlichen Recht* zu unterstellen; die Vereinbarung der Anwendbarkeit zweier verschiedener Rechte auf das Gesellschaftsverhältnis ist damit unmöglich. Dies führt dazu, daß sich bei einem echten grenzüberschreitenden Zusammenschluß zu einer Sozietät ein Beteiligter einem ihm u. U. völlig fremden Recht unterwerfen muß.

3. Ertragsteuerliche Konsequenzen

Der Gewinn einer Sozietät wird nach deutschem Steuerrecht einheitlich und gesondert ermittelt und ihren Mitgliedern nach dem *vertraglichen Gewinnverteilungsschlüssel* anteilig zugerechnet. Die steuerliche Behandlung grenzüberschreitender Rechtsanwaltssozietäten ist dagegen noch wenig beachtet und mit erheblichen Unsicherheiten verbunden (vgl. instruktiv Bellstedt, IWB Fach 2 S. 521 ff.).

Es ist davon auszugehen, daß die grenzüberschreitende Sozietät in zunehmendem Maße als Normalität empfunden wird. Angebliche Besonderheiten der anwaltlichen Sozietät werden in den Hintergrund treten; das Steuerrecht wird die bei der Besteuerung „normaler" Personengesellschaften entwickelten Grundsätze auch auf die Rechtsanwaltssozietäten übertragen.

Nach diesen Grundsätzen wird bei Eröffnung einer Kanzlei im Ausland dort eine feste Einrichtung im Sinne des jeweils maßgeblichen *Doppelbesteuerungsabkommen* begründet. Dies führt dazu, daß die Mitglieder der Sozietät auch in dem ausländischen Staat jedenfalls insoweit steuerpflichtig werden, als ihre Gewinnanteile der festen Einrichtung zugerechnet werden können; vgl. Art. 14 Musterabkommen der OECD zur Vermeidung der Doppelbesteuerung des Einkommens und des Vermögens, Stand 1. 9. 1992, und die insoweit folgenden Einzel-Doppelbesteuerungsabkommen.

Die Problematik soll an einem *Beispiel* verdeutlicht werden:

Ein Franzose und ein Deutscher schließen sich zu einer Sozietät zusammen, wobei hier Nationalität mit unbeschränkter Steuerpflicht in dem jeweiligen Staat gleichgesetzt werden soll. Sie beschließen die gleichmäßige Teilung aller Gewinne. Das deutsche Büro erwirtschaftet einen Gewinn von 100; das französische Büro einen Gewinn von 200.

Der Deutsche wie der Franzose sind in ihrem jeweiligen Ansässigkeitsstaat mit dem Gewinnanteil, der dem in diesem Staat ansässigen Büro zuzuordnen ist, unbeschränkt steuerpflichtig, der Deutsche also mit 50, der Franzose mit 100.

Für den Deutschen folgt daraus eine unbeschränkte Steuerpflicht in Deutschland auf 50, für den Franzosen eine unbeschränkte Steuerpflicht in Frankreich auf 100. Hinsichtlich des auf ihn entfallenden Gewinnes des französischen Büros von 100 ist der Deutsche in Frankreich (beschränkt) steuerpflichtig; diese Einkünfte sind in Deutschland nach dem deutsch-französischen Doppelbesteuerungsabkommen von der Einkommensteuer unter Wahrung des Progressionsvorbehalts befreit.

Der Franzose unterliegt umgekehrt mit dem auf ihn entfallenden Gewinnanteil am deutschen Büro der beschränkten deutschen Steuerpflicht. Diese Gewinne sind zugleich in der Bemessungsgrundlage für die französische Einkommensteuer einzustellen unter Anrechnung der deutschen Steuer, die auf diesen Gewinnbetrag entfällt. Der Höhe nach ist die Anrechnung begrenzt auf die nach französischem Recht zu ermittelnde Steuer, die auf den Gewinnanteil entfällt.

Verluste, die einer ausländischen festen Einrichtung zuzurechnen sind, sind im Inland – abgesehen einem negativen Progressionsvorbehalt – unbeachtlich. § 2a Abs. 3 EStG, der auf Antrag Verluste aus einer ausländischen gewerblichen Betriebsstätte Berücksichtigung finden läßt, ist auf freiberufliche Tätigkeiten nicht anwendbar; vgl. BFH, Urt. v. 5.6.1986 – IV R 268/82 – BStBl II 1986, 659; Urt. v. 5.6.1986 – IV R 338/84 – BStBl II 1986, 661 zur Vorläufervorschrift des § 2 Abs.1 AIG. Diese steuerliche Differenzierung vermochte schon bisher kaum zu überzeugen; eine Berechtigung entfällt umso mehr, als international die Bedeutung grenzüberschreitender Dienstleistungseinrichtungen stetig im

Wachsen begriffen ist und eine Gleichstellung von gewerblicher und dienstleistungserbringender Tätigkeit auch international angestrebt wird (vgl. etwa die Bemühungen im GATT, Dienstleistungen zu erfassen). Hier besteht noch entsprechender Regelungsbedarf, um die Ausdehnung der internationalen Dienstleistungserbringung auch steuerlich zu erleichtern.

Noch nicht eindeutig geklärt ist der Fall, ob dann, wenn sich ausländische Personenvereinigungen, deren Mitglieder allein Kapitalgesellschaften sind, mit inländischen Rechtsanwälten oder Sozietäten zu einer grenzüberschreitenden Sozietät zusammenschließen, die inländischen Mitglieder der Sozietät gewerbliche Einkünfte erzielen. Insbesondere in den Niederlanden sind Personenvereinigungen weit verbreitet, wobei Anteilseigner der Kapitalgesellschaften wiederum freiberuflich Tätige sind.

Nach deutschem Steuerrecht führt die Beteiligung von Kapitalgesellschaften an einer Freiberufler-Gemeinschaft dazu, daß die Einkünfte insgesamt als gewerbliche und damit auch *gewerbesteuerpflichtig* behandelt werden.

Teil 4:

Prozessuale Hinweise zur Durchsetzung des EG-Rechts vor deutschen Gerichten

A. Bedeutung des Europarechts

Angesichts des seit 1. 1. 1993 existierenden europäischen Binnenmarktes wird es kaum jemanden mehr überraschen, daß das Recht der Europäischen Gemeinschaften auf zahlreiche Rechtsgebiete des deutschen Rechts mehr oder weniger stark einwirkt und damit das deutsche Rechtsleben beeinflußt. Jeder im Wirtschaftsleben stehende deutsche Bürger wird daher früher oder später mit EG-rechtlichen Bestimmungen in Berührung kommen. Auf welche Weise dies geschieht und in wieweit sich hieraus Rechte oder Pflichten mit der Notwendigkeit gerichtlichen Rechtsschutzes ergeben, hängt wesentlich vom materiellen Inhalt und vom Geltungsbereich der jeweiligen europarechtlichen Bestimmung ab.

Da die EG selbst über wenige eigene Behörden mit verwaltungsmäßigen, exekutiven Aufgaben verfügt, geschieht der Vollzug des EG-Rechts in der Regel durch die Mitgliedstaaten und nicht durch die Gemeinschaft selbst. Entscheidend ist, daß dem EG-Recht im Konfliktfalle, d. h. bei vertragswidrigem, verordnungswidrigem oder richtlinienwidrigem nationalen Recht, ab dem Zeitpunkt seiner unmittelbaren Wirkung ein *Anwendungsvorrang* gegenüber diesem deutschen Recht zukommt (EuGH, Urt. v. 19. 1. 1982, Rs. 8/81 Becker, EuGHE 1982, 53, 71; EuGH, Urt. v. 15. 7. 1964, Rs. C 6/64 Costa/ENEL, EuGHE 1964, 1251; bestätigt durch BVerfG Urt. v. 22. 10. 1986, Solange II, NJW 1987, 577).

Alle deutschen Behörden und Gerichte sind dementsprechend verpflichtet, das für sie maßgebliche europäische Recht auszulegen, anzuwenden und gegenüber entgegenstehendem deutschen Recht durchzusetzen (so schon BVerfG, Urt. v. 9. 6. 1971, BVerfGE 31, 145 und EuGH, Urt. v. 9. 3. 1978 Simmenthal, Rs. 106/77, EuGHE 1978, 629, 644; vgl. dazu ausführlich Teil 5, S. 73 ff.).

Aber selbst wenn sich ein Einzelner in der Regel nicht unmittelbar auf eine Richtlinienvorschrift berufen kann, müssen sich die Gerichte dennoch bei der Auslegung deutschen Rechts soweit wie möglich am Wortlaut und Zweck der Richtlinie orientieren (so EuGH, Urt. v. 13. 11. 1990, Rs. C-106/89 Marleasing, EuGHE 1990, S. 4135, s. dazu im einzelnen Teil 5, S. 76 f.).

B. Auswirkungen des EG-Rechts auf deutsches Recht

Die vom supranationalen EG-Recht bewirkte Rechtsvereinheitlichung betrifft vor allem das *materielle Recht.* Sie erscheint regelmäßig in Gestalt von Rahmenvorschriften, häufig aber auch in Gestalt umfassender Detailregelungen. Die deutschen Rechtsgebiete sind hiervon in unterschiedlichem Maße betroffen.

I. Zivilrecht

Im Zivilrecht ist vor allem das *deutsche Wirtschafts- und Gesellschaftsrecht,* einschließlich *Wettbewerbsrecht* und gewerbliches Schutzrecht betroffen.

Es sei insoweit nur auf die zwölf bisherigen gesellschaftsrechtlichen Richtlinien, die Kartell-Verordnung 62/17/EWG vom 6. 2. 1962 (ABl EG Nr. L S. 204), die Produkthaftungs-Richtlinie 85/374/EWG vom 25. 7. 1985 (ABl EG Nr. L 210, S. 29) und die EWIV-Verordnung 85/2137/EWG vom 25. 7. 1985 (ABl EG Nr. L 199 v. 27. 7. 1985, S. 1) verwiesen.

Sie haben bereits zu zahlreichen Gesetzesänderungen im deutschen Recht geführt und wirken sich häufig auch mittelbar aus, wenn z. B. ein *Verstoß gegen die EWG-Kartellverordnung* Nr. 17 zur Nichtigkeit schuldrechtlicher Verträge gemäß § 134 BGB führt.

Noch nicht in Kraft getreten sind z. B. das *Übereinkommen über das Europapatent* vom 15. 1. 1975, der Entwurf einer *Verordnung über die Europa-AG* (S. E.) v. 30. 6. 1970 / 30. 8. 1991 und der Vorschlag einer *Richtlinie über Dienstleistungshaftung* (s. dazu bereits Teil 1, S. 15) vom 9. 11. 1990 (vgl. BRAK-Mitt. 1991, 202). Neuerdings wird sogar von einem „Gemeinschaftsprivatrecht" gesprochen (Müller-Graff, NJW 1993, 13).

II. Zoll- und Steuerrecht

Wesentliche Bedeutung hat das Recht der EG ersichtlich für das Zoll- und Steuerrecht, denn ein „Raum ohne Binnengrenzen" (Art. 8 a

EWGV) erfordert nicht nur die *Abschaffung der Binnenzölle* und die *Einführung eines gemeinsamen Zolltarifs* (GZT), sondern auch den Wegfall der Steuergrenzen.

Es ist nicht nur ein *steuerrechtliches Diskriminierungsverbot,* sondern auch ein Gebot zur *Steuerharmonisierung* zu beachten, das insbesondere im Bereich der wirtschaftlich bedeutungsvollsten Umsatzsteuer zu mehreren Richtlinien geführt hat, die bereits Gegenstand zahlreicher EuGH-Entscheidungen geworden sind (zur 6. MWSt-Richtlinie 77/388/EWG vom 17. 5. 1977 siehe EuGH, Urt. v. 27. 6. 1989, NJW 1989, 3093, mit Anm. Clausnitzer, EuZW 1990, 184, sowie Vorlagebeschluß FG München vom 23. 3. 1992, EFG 1992, 403). Aber auch im Bereich der direkten Steuern ist bspw. das bisherige System der beschränkten inländischen Einkommensteuerpflicht von Grenzgängern wegen der Niederlassungsfreiheit und der Arbeitnehmerfreizügigkeit ins Wanken geraten (vgl. FG Köln vom 10. 1. 1991, EFG 1991, 406 und BFH, Vorlagebeschluß v. 14. 4. 1993, IWB Fach 3 a Gr. 1 S. 363 sowie EuGH, Urt. v. 1. 12. 1992, Rs. C-112/91 Werner, IWB F. 11 a EG S. 17).

III. Verwaltungsrecht

Im Bereich des Verwaltungsrechts ist zwischen Maßnahmen der EG-Verwaltung, d. h. Kommissions-Entscheidungen einerseits und Maßnahmen der inländischen Verwaltung eines Mitgliedstaates mit europarechtlichem Bezug andererseits zu unterscheiden.

Bei Verwaltungsmaßnahmen der EG, wie z. B. Kartellverfahren, EG-beamtenrechtlichen Maßnahmen oder EG-Subventionsgewährungen oder -rückforderungen, handelt es sich um unmittelbare Rechtsbeziehungen zwischen EG-Bürgern und EG-Behörden, die den hierzu ergangenen einschlägigen EG-Vorschriften unterliegen. Hiervon streng zu unterscheiden ist die Auswirkung sonstiger europarechtlicher Vorschriften auf das inländische Verwaltungsrecht, wie z. B. das *Subventionsrecht,* das nur von deutschen Behörden angewandt wird (vgl. OVG Koblenz, Urt. v. 26. 11. 1991, EuZW 1992, 349 zur Rückforderung einer Beihilfe).

Das *besondere Verwaltungsrecht* wird in zahlreichen Spezialgebieten europarechtlich beeinflußt.

Aufgrund der Freizügigkeit steht das *Ausländerrecht* im Vordergrund (vgl. EuGH, Urt. v. 5. 3. 1991, Rs. C-376/89 Giagounidis, NJW 1991, 3083 LS = NVwZ 1991, 765, und EuGH, Urt. v. 18. 5. 1989, Rs. 249/86 Kommission/BRD, NJW 1989, 3084 LS = NVwZ 1989, 745). Auswirkungen ergeben sich aufgrund der *Niederlassungsfreiheit* insbesondere im *Berufsrecht,* z. B. bzgl. der EWG-Handwerks-VO (VG Stuttgart, GewArch 1987, 28 und BVerwG, DÖV 1970, 826) und bei den freien Berufen (s. EuGH, Urt. v. 22. 5. 1985, Rs. C-29/84 Kommission/Bundesrepublik Deutschland EuGHE 1985, 1667 zu Krankenschwestern, und das nach Vorlagebeschluß des BGH vom 1. 9. 1989, BRAK-Mitt. 1990, 49, ergangene Urteil des EuGH vom 7. 5. 1991, Rs. C-340/89 Vlassopoulou, NJW 1991, 2073 = IWB F. 11 a S. 11 m. Anm. Clausnitzer zu Rechtsanwälten).

Betroffen sind ferner z. B. das *Verkehrsrecht,* wenn man an die von der Bundesanstalt für den Güterfernverkehr auszugebenden Gemeinschaftsgenehmigungen für den grenzüberschreitenden Güterkraftverkehr sowie Kabotagegenehmigungen für den Inlandsmarkt anderer Mitgliedstaaten nach der VO 89/4059/EWG denkt (vgl. dazu ausführlich Rogge in: Lenz, EG-Handbuch Recht im Binnenmarkt, S. 616), und das *Umweltrecht* (vgl. die RL 85/337/EWG vom 27. 6. 1985 über die Umweltverträglichkeitsprüfung bei öffentlichen und privaten Baumaßnahmen und EuGH, Urt. v. 30. 5. 1991, Rs. C-361/88 und 59/89 Kommission/Bundesrepublik Deutschland, NVwZ 1991, 866 u. 868 zur mangelnden Umsetzung von EG-Grenzwertrichtlinien durch § 48 BImSchG i. V. m. TA-Luft (dazu Steiling, NVwZ 1992, 134; Zuleeg, NJW 1993, 31 und ausführlich Hüwels, in: Lenz, EG-Handbuch Recht im Binnenmarkt, S. 651 ff.).

Sogar der Bereich der *Amtshaftung* ist berührt, wenn der EuGH *Schadensersatzansprüche* aus der *Verletzung von Richtliniengeboten* ableitet (EuGH, Urt. v. 12. 7. 1990, Rs. C-188/89 Foster, NJW 1991, 3086 wegen verfrühter Pensionierung durch ein öffentlich-rechtliches Energieversorgungsunternehmen entgegen Richtlinie 76/207/EWG; EuGH, Urt. v. 19. 11. 1991, Rs. C-6/90 + 9/90 Francovich, NJW 1992, 165, m. Anm. Fischer, EuZW 1992, 41; Pieper, ZAP F. 25 S. 19 und Buschhaus, JA 1992, 142; a. A. OLG Köln EuZW 1991, 574).

IV. Arbeits- und Sozialrecht

Im Arbeits- und Sozialrecht hat das Recht der Europäischen Gemeinschaften ebenfalls seine Spuren hinterlassen.

Im Arbeitsrecht stehen der *Grundsatz der Gleichbehandlung des Arbeitnehmers* aus einem anderen EG-Mitgliedstaat mit seinen inländischen Kollegen beim Erwerb des Arbeitsplatzes und während der Beschäftigung (Art. 48 EWGV i. V. m. Verordnung 68/1612/EWG v. 15. 10. 1968) sowie der Grundsatz der Gleichbehandlung von Männern und Frauen in der Arbeitswelt im Vordergrund (vgl. Richtlinie 76/207/EWG v. 9. 2. 1976 und EuGH, Urt. v. 8. 11. 1990, Rs. C-177/88 Dekker, NJW 1991, 628).

Zum Schutz des Arbeitnehmers in besonderen Situationen, z. B. bei Betriebsübergang (dazu ArbG Bamberg, EuZW 1992, 160), und im Bereich des allgemeinen Arbeitsschutzes sind weitere Richtlinien ergangen, die teilweise bereits in das deutsche Recht umgesetzt wurden (z. B. durch die Gefahrstoff-VO v. 26. 8. 1986, BGBl I S. 1470).

Aus der aktuellen Rechtsprechung des EuGH sind ferner die Themen *„Vermittlungsmonopol der Bundesanstalt für Arbeit"* (EuGH, Urt. v. 23. 4. 1991, Rs. C-41/90 Höffner, NJW 1991, 2891) und *„Kindergeld von Auslandskindern"* (EuGH, Urt. v. 11. 6. 1991, Rs. C-251/89 Athanasopoulos, NJW 1991, 2208 LS = EuZW 1991, 535; EuGH, Rs. C-12/89 Gatto, NZA 1990, 581) hervorzuheben.

Im Sozialrecht haben sich Auswirkungen insbesondere aufgrund der Arbeitnehmerfreizügigkeit ergeben, denn Leistungsansprüche dürfen nicht davon abhängen, in welchem Mitgliedstaat sie erworben oder ausgezahlt werden (vgl. das nach Vorlage des SG Frankfurt ergangene Urteil des EuGH v. 13. 11. 1990, Rs. C-99/89 Yanez-Campoy, NJW 1991, 631, EuZW 1991, 28 und Vorlagebeschluß des BSG v. 22. 11.1988, NJW 1989, 1952; ferner EuGH, Urt. v. 7. 2. 1991, Rs. C-227/89, NJW 1991, 1407 zum vorgezogenen Altersruhegeld).

Darüber hinaus sind mehrere Verordnungen ergangen, die das gesamte *Sozialversicherungsrecht* (Kranken-, Unfall-, Renten- und Arbeitslosenversicherung, Arbeitsförderung und Kindergeld) erfassen (vgl. 1408/71/ EWG vom 14. 6. 1971, Abl. EG Nr. L 149 v. 5. 7. 1991, S. 2). Ihre Bedeutung drückt sich nicht zuletzt darin aus, daß der EuGH zwischenzeitlich nahezu 300 Entscheidungen zu Problemen der sozialen Sicherheit erlassen hat (allg. vgl. Eichenhofer, JZ 1992, 269).

V. Strafrecht

Selbst der Bereich des *materiellen Strafrechts* ist keineswegs unberührt von Einflüssen des europäischen Rechts geblieben (allg. siehe Thomas, NJW 1991, 2233, Tiedemann NJW 1993, 23).

Zu den hiervon betroffenen Straftatbeständen zählt nicht nur die *Steuerhinterziehung* gemäß § 370 AO (vgl. BGH, Urt. v. 30. 8. 1990, 3 StR 459/87, NJW 1991, 1622, 1624 zur 6. MWSt-Richtlinie), sondern auch z. B. die Auslegung des strafrechtlichen Abfallbegriffs im Sinne des § 326 Abs. 1 StGB (vgl. BGH, Urt. v. 26. 2. 1991, 5 StR 444/90, NJW 1991, 1621, 1622 zu den Richtlinien 75/442/EWG und 78/319/EWG sowie EuGH, Urt. v. 28. 3. 1990, EuZW 1991, 253). Es geht daher keineswegs nur um den strafrechtlichen Schutz von „Einnahmen der EG", wie dies bei der Hinterziehung von Zöllen und Abschöpfungen gemäß § 1 Abs. 3 ZollG i. V. m. §§ 3 Abs. 1 S. 2, 370 AO der Fall ist. Auch im Bereich des *Subventionsbetrugs* (§ 264 Abs. 6 StGB) kann die Widerrechtlichkeit der erlangten EG-Ausfuhrerstattung oder des Währungsausgleichsbetrags von der Auslegung europäischen Rechts abhängen (vgl. BGH, Urt. v. 8. 3. 1990, NJW 1990, 1921 = NStZ 1990, 336).

VI. Prozeßrecht

Schließlich wirkt sich europäisches Recht auf das deutsche Verfahren aus. Dies gilt nicht nur für den Bereich der internationalen Zuständigkeit gemäß dem *Europäischen Gerichtstands- und Vollstreckungsübereinkommen in Zivil- und Handelssachen* (EuGVÜ), sondern auch für das Berufungs- bzw. Revisionsrecht bei der Frage der *Zulassung eines Rechtsmittels* (§§ 546 ZPO, 72 ArbGG, 131, 132 VwGO, 115 FGO, 160 SGG): Das BVerwG hat entschieden, daß die EG-rechtliche Pflicht des letztinstanzlichen Gerichts zur Vorlage an den EuGH die Zulassung wegen grundsätzlicher Bedeutung gebietet (BVerwG v. 22. 10. 1986, KFR Fach 2, § 115 FGO 2/88, S. 131; BFH v. 29. 8. 1991, EuZW 1992, 348).

Durch die Europäische Menschenrechtskonvention (MRK) wird darüber hinaus zunehmend die *Auslegung prozessualer Grundsätze* mitbestimmt (vgl. Art. 6 MRK: Grundsatz des „fair trial"). Besonders im Strafprozeß hat sich die Frage gestellt, inwieweit die EG-Kommission bei *Verdacht von Wettbewerbsverstößen* gegen Art. 85 EWGV i. V. m. VO 62/17/EWG einen richterlichen Durchsuchungsbefehl erwirken muß (vgl. EuGH, Urt. v. 21. 9. 1989, Hoechst, EuGHE 1989, 2859 = NJW 1989, 3080) oder ob EG-Beamte im Zusammenhang mit Straftaten zur Herausgabe von Beweismitteln und zur Aussage vor dem nationalen Strafrichter verpflichtet sind (EuGH Urt. v. 6. 12. 1990, Rs. C-2/88 Imm., NJW 1991, 2410; vgl. Kleinknecht/Meyer, StPO § 54 Rz. 14; vgl. auch Teil 8, S. 118).

C. Rechtsschutz vor deutschen Gerichten

Ist die Frage nach dem anwendbaren materiellen EG-Recht geklärt, hängt der Rechtsschutz vor deutschen Gerichten zunächst vom Bestehen der deutschen Gerichtsbarkeit und deren internationaler Zuständigkeit ab. Erst dann stellt sich die Frage, welche speziellen Rechtsschutzmöglichkeiten in Betracht kommen.

I. Europäische Gerichtsbarkeit und internationale Zuständigkeit

Das *Nebeneinander zwischen nationalem und supranationalem Recht* sowie nationalen und supranationalen Behörden drückt sich auch in der Gerichtsorganisation aus, denn neben den nationalen Gerichten gibt es den *Europäischen Gerichtshof* (EuGH) sowie das eigenständige *Europäische Gericht Erster Instanz* (EuG), deren Zuständigkeiten von den Deutschen Gerichten abzugrenzen sind.

1. Supranationale und deutsche Gerichtsbarkeit

Ein deutsches Gericht darf einen ihm unterbreiteten europarechtlichen Sachverhalt nur entscheiden, wenn ihm hierfür die Gerichtsbarkeit zusteht. Dies ist immer dann nicht der Fall, wenn und soweit dem EuGH durch *völkerrechtliche* Abkommen eigene Rechtsprechungskompetenzen zugewiesen wurden, wie dies durch den EWG-Vertrag geschehen ist. Da es sich insoweit um ausschließliche Zuständigkeiten kraft supranationalen Rechts handelt, sind die innerstaatlichen Gerichte insoweit von jeder Rechtsprechungstätigkeit ausgeschlossen.

Derartige Verfahren betreffen vor allem Streitigkeiten zwischen EG-Organen und Mitgliedstaaten, die in gewisser Weise den verfassungsrechtlichen Organstreitigkeiten (Art. 173, 175 EWGV), Bund-Länder-Streitigkeiten (Art. 169, 170 EWGV) und der aus dem GG bekannten abstrakten Normenkontrolle (Art. 173 Abs. 1 EWGV) ähneln. Sie umfassen aber auch unmittelbare Dienst- und Disziplinarsachen der EG-Beamten (Art. 179 EWGV) und sogenannte Direktklagen natürlicher und juristischer Personen, die von Maßnahmen der EG-Organe individuell betroffen sind (Nichtigkeitsklage gemäß Art. 173 Abs. 2 EWGV, Untätigkeitsklage gemäß Art. 175 Abs. 3 EWGV, Amtshaftungsklage gemäß Art. 178 EWGV; siehe dazu im einzelnen Teil 6, S. 84 ff.).

Auch im Bereich der sachlichen Zuständigkeit des EuG für Beamtenklagen, für Anfechtungs- und Untätigkeitsklagen Privater in Wettbewerbssachen (sowie zukünftig möglicherweise für private Antidumping- und Antisubventionsklagen) entfällt eine deutsche Gerichtsbarkeit. Für das europarechtlich bedeutsame Vertragsverletzungsverfahren gem. Art. 169 EWGV kommt sie ohnehin von vornherein nicht in Betracht.

2. Internationale Zuständigkeit deutscher Gerichte

Fehlt eine ausdrückliche vertragliche Zuständigkeit des EuGH, sind einzelstaatliche Gerichte zur Streitentscheidung berufen. Während die Regeln über die Gerichtsbarkeit bestimmen, ob ein deutsches Gericht die Streitsache entscheiden darf, regeln die Zuständigkeitsvorschriften insbesondere der internationalen Zuständigkeit, die Gerichte welchen Staates den Streitfall entscheiden müssen.

In grenzüberschreitenden Fällen ist das bereits erwähnte EuGVÜ von 1968 einschlägig, das zwischenzeitlich bereits mehrfach geändert wurde und aufgrund einer Sonderzuständigkeit ebenfalls vom EuGH verbindlich ausgelegt wird (zu Einzelheiten siehe Schack, Internationales Zivilverfahrensrecht, München 1991, Coester-Waltjen, Jura 1989, 611 u. Schmidt, ZAP 16/92 Fach 24, S. 141).

Besteht eine internationale Zuständigkeit deutscher Gerichte, haben diese auch das auf den Streitfall anwendbare europäische Gemeinschaftsrecht auszulegen und anzuwenden. Allerdings steht nur dem EuGH die Befugnis zu, EG-rechtliche Vorschriften für ungültig zu erklären *(Verwerfungskompetenz)*. Da jeder einzelne Gemeinschaftsrichter die Pflicht und die Befugnis hat, EG-Recht anzuwenden und auszulegen, besteht die Gefahr einer unterschiedlichen Auslegung in den Mitgliedstaaten. Aus diesem Grund sieht der EWG-Vertrag in Art. 177 EWGV ein besonderes Zwischenverfahren vor, um die einheitliche Anwendung des EG-Rechts durch die Gerichte der Mitgliedstaaten zu gewährleisten.

II. Vorlageverfahren gem. Art. 177 EWGV

Nach Art. 177 EWGV entscheidet der EuGH im Wege der Vorabentscheidung über die Auslegung des Vertrages, über die Gültigkeit und die Auslegung der Handlungen der Organe der Gemeinschaft und über die Auslegung der Satzungen der durch den Rat geschaffenen Einrichtungen, soweit diese Satzungen dies vorsehen. Dies gilt auch für die Rechtsgebiete, die in die Zuständigkeit des EuG fallen (dazu Lenaerts, EuR 1990, 228; Rabe, EuZW 1991, 596). Da alle nationalen Gerichte an die Auslegung gemeinschaftsrechtlicher Vorschriften durch den EuGH gebunden sind (sog. *Letztentscheidungskompetenz*), kommt dem Vorlageverfahren gemäß Art. 177 EWGV eine herausragende Bedeutung für die Entwicklung der europäischen Rechtsgemeinschaft zu.

1. Vorlageberechtigung gem. Art. 177 Abs. 2 EWGV

Nach Art. 177 Abs. 2 EWGV kann jedes Gericht eines Mitgliedstaats den EuGH anrufen, wenn es eine *Auslegungs- oder Gültigkeitsentscheidung des EuGH* zum Erlaß seines eigenen Urteils für erforderlich hält.

Da es sich bei dem vorlegenden Gericht um ein staatliches Gericht handeln muß, sind private *Schiedsgerichte* nach § 1025 ZPO von der Vorlagebefugnis ausgeschlossen, nicht aber gesetzlich eingerichtete *Standes- bzw. Berufsgerichte*. Unerheblich ist ferner die Art des Verfahrens, in dem die Vorlagefrage gestellt wird, so daß auch das *Mahnverfahren* oder ein *Beschwerdeverfahren in der freiwilligen Gerichtsbarkeit* als Augangsverfahren in Betracht kommen.

Die dem EuGH zur Vorabentscheidung vorgelegte Rechtsfrage sollte für die Entscheidung des nationalen Rechtsstreits erheblich sein, wobei allerdings dem vorlegenden Richter ein gewisser *Beurteilungsspielraum* zusteht. Die Entscheidung über die Erforderlichkeit und Zweckdienlichkeit der Vorlage obliegt allein dem nationalen Gericht, nicht aber dem EuGH, solange es sich nur um einen echten und nicht lediglich konstruierten Rechtsstreit und eine die Zuständigkeit des EuGH begründende vorlagefähige Frage des Gemeinschaftsrechts handelt.

Von entscheidender Bedeutung für das gesamte Rechtsschutzsystem ist allerdings der Umstand, daß lediglich das Gericht, nicht aber die Parteien selbst den EuGH nach Art. 177 EWGV anrufen können. Für den *Anwalt* besteht daher nur die Möglichkeit, die Vorlage anzuregen und den Richter durch umfassende Darlegung der europarechtlichen Problematik von der Zweckmäßigkeit einer Vorlage zu überzeugen. Während der Richter einerseits nicht durch eine private Vereinbarung zwischen den Parteien zur Einholung einer Vorabentscheidung verpflichtet werden kann, ist er andererseits auch nicht gehindert, entgegen einer übereinstimmenden Erklärung der Parteien das Verfahren auszusetzen und den EuGH anzurufen.

Die *Anrufungsbefugnis* wird auch nicht dadurch eingeschränkt, daß sich das Verfahren nach Zurückverweisung durch das übergeordnete Gericht (z. B. BFH) im zweiten Rechtsgang befindet und das nachgeordnete Gericht (z. B. FG) an die rechtliche Würdigung des Rechtsmittelgerichts gebunden ist (EuGH, Urt. v. 12. 2. 1974, Rs. 146/73 Rheinmühlen, EuGHE 1974, 139 zu § 120 Abs. 5 FGO.)

2. *Vorlagepflicht gem. Art. 177 Abs. 3 EWGV*

Während nach Art. 177 Abs. 2 jedes staatliche Gericht berechtigt ist, den EuGH anzurufen, ohne daß dies von den Parteien erzwungen werden kann, besteht nach Art. 177 Abs. 3 EWGV für ein letztinstanzliches Gericht eine *Vorlagepflicht*.

Weitere Voraussetzung ist, daß es sich bei der Vorlagefrage um ein europarechtlich nicht geklärtes und *für den nationalen Rechtsstreit objektiv entscheidungserhebliches Auslegungs- oder Gültigkeitsproblem* handelt. An einem vorlagepflichtigen Gericht, „dessen Entscheidungen selbst nicht mehr mit Rechtsmitteln des innerstaatlichen Rechts angefochten werden können", fehlt es, wenn die *Nichtzulassungsbeschwerde* gegeben ist (so BFH, Urt. v. 31. 10. 1990, NJW 1991, 1775, 1776; BVerfG, Urt. v. 31. 5. 1990, NVwZ 1991, 53).

Ausgenommen sind allerdings bestimmte *außerordentliche Rechtsbehelfe,* wie das Wiederaufnahmeverfahren oder die Verfassungsbeschwerde. Der Zugang zum EuGH ist daher leichter eröffnet als zum Bundesverfassungsgericht, das für die Rechtswegerschöpfung der Verfassungsbeschwerde neuerdings auch außerordentliche Rechtsbehelfe wie Wiederaufnahmeverfahren einbezogen hat (vgl. BVerfG, Urt. v. 22. 1. 1992, NJW 1992, 1030; BVerfG, Urt. v. 13. 9. 1991, NJW 1992, 496).

Anders als bei der *Vorlageberechtigung* kommt es bei der *Vorlagepflicht* nicht auf die subjektive Sicht des jeweiligen Prozeßrichters, sondern auf das Vorliegen objektiver Unklarheiten über das Gemeinschaftsrecht an. Der EuGH hat hierzu ausgeführt, daß die grundsätzlich unbeschränkt bestehende Pflicht zur Vorlage entscheidungserheblicher Rechtsfragen nur dann entfällt, wenn die Rechtsfrage bereits Gegenstand einer Auslegung durch den EuGH war oder wenn die richtige Anwendung des Gemeinschaftsrechts derart offenkundig ist, daß für einen vernünftigen Zweifel keinerlei Raum bleibt (EuGH, Urt. v. 6. 10. 1982, Rs. 283/81 CILFIT, EuGHE 1982, 3415, 3428 = NJW 1983, 1257).

Ob ein solcher Zweifel berechtigt ist, ist unter Berücksichtigung der Eigenheiten des Gemeinschaftsrechts, der besonderen Schwierigkeiten seiner Auslegung und der Gefahr voneinander abweichender Gerichtsentscheidungen innerhalb der Gemeinschaft zu beurteilen, so daß eine Vorlagepflicht nur entfällt, wenn es auf die Vorlagefrage für jeden erfahrenen Juristen offensichtlich und vernünftigerweise nur eine Antwort geben kann (so BVerfG, NJW 1988, 1546). Ein kritischer Fall dürfte z. B. die Entscheidung des BFH vom 23. 10. 1985 (DStR 1986, 200 Nr. 109) gewesen sein, in der der BFH seine Vorlagepflicht ablehnte, obwohl das FG eine andere Auslegung des Europarechts vorgenommen hatte. Nach der – auch hinsichtlich der Auslegung des Art. 177 EWGV verbindlichen – Rechtsprechung des EuGH, die auch der Verwirklichung der Integrationsziele der Gemeinschaft zu dienen bestimmt ist, ist daher vom Grundsatz *„in dubio pro praesentatione"* auszugehen.

Eine Vorlagepflicht an den Gerichtshof gibt es nach der Rechtsprechung des EuGH ausnahmsweise auch für ein nationales Gericht, das nicht in letzter Instanz entscheidet, und zwar wenn es die Gültigkeit einer von ihm anzuwendenden gemeinschaftsrechtlichen Norm bezweifelt (EuGH, Urt. v. 22. 10. 1987, Rs. 314/85 Foto-Frost, EuGHE 1987, 4199 = NJW 1987, NJW 1988, 1451). Zur Begründung dieser erweiternden Auslegung hat sich der EuGH auf die Kohärenz des Rechtsschutzsystems nach dem EWGV berufen, das ihm die ausschließliche Zuständigkeit für die Beurteilung der Rechtmäßigkeit der Handlungen des abgeleiteten Gemeinschaftsrechts einräumt. Da nationale Gerichte nicht befugt sind, Handlungen der Gemeinschaftsorgane für ungültig zu erklären, ist es zum Schutze der Einheitlichkeit der Rechtsprechung in den Mitgliedstaaten aus Gründen der Rechtssicherheit erforderlich, Meinungsverschiedenheiten der Gerichte der Mitgliedstaaten über die Gültigkeit von Gemeinschaftshandlungen von vornherein auszuschließen (krit. Schlemmer/ Schulte EuZW 1991, 307; Schoch SGb 1992, 118).

3. Verfahrensvorschriften

Das Vorabentscheidungsverfahren nach Art. 177 Abs. 3 EWGV wird durch den *Aussetzungs- und Vorlagebeschluß des nationalen Gerichts* eingeleitet. Entsprechend den vom europäischen Recht beeinflußten materiellen Rechtsgebieten sind zwischenzeitlich bereits in allen fünf deutschen Gerichtszweigen derartige Vorlagebeschlüsse ergangen.

Das Verfahren richtet sich im einzelnen nach der *Satzung des EuGH* vom 18. 4. 1951 bzw. 17. 4. 1957 und der *EuGH-Verfahrensordnung* vom 19. 6. 1991 (dazu Rabe EuZW 1991, 96). Es gliedert sich grundsätzlich in einen schriftlichen und einen mündlichen Teil, der mit einer umfassenden rechtsgutachtlichen Stellungnahme des *EuGH-Generalanwalts* abgeschlossen wird (s. ausführlich dazu Teil 6, S. 98 ff., Checkliste für ein Verfahren von dem EuGH und dem EuG).

Die *Verfahrenssprache* richtet sich nach dem Vorlagegericht. Da das schriftliche Verfahren nicht kontradiktorisch ausgestaltet ist, können die Parteien des Ausgangsverfahrens, die Mitgliedstaaten, die EG-Kommission und ggf. der Rat innerhalb einer nicht verlängerbaren Frist von

2 Monaten schriftliche Erklärungen zum Vorlagebeschluß abgeben (zu Fristfragen s. a. Happe, EuZW 1992, 297).

Für die Parteien des Ausgangsverfahrens besteht *Anwaltszwang.*

Mit Eingang der letzten Stellungnahme ist das *schriftliche Verfahren* beendet. Aufgrund eines Vorberichts des Berichterstatters wird in der gerichtsinternen Verwaltungssitzung über eventuelle *Beweiserhebungen* und Zuweisung der Sache an das *Plenum* oder eine *Kammer des EuGH* entschieden. Der abschließende *schriftliche Sitzungsbericht,* der eine Darstellung des gesamten Verfahrensgangs, des schriftlichen Vorbringens der Beteiligten sowie der grundlegenden Rechtsfragen enthält, wird den Parteien zugestellt. Diese können in der danach anzuberaumenden *mündlichen Verhandlung* innerhalb einer begrenzten Redezeit von regelmäßig nicht mehr als 15 Minuten weiter sachdienliche Äußerungen vorbringen. Einzelheiten hierzu ergeben sich aus den vom EuGH herausgegebenen *„Hinweisen an die Prozeßvertreter über das mündliche Verfahren vor dem EuGH"* (abgedruckt im Anhang IV, S. 151).

Die Schlußanträge des Generalanwalts, die später zusammen mit dem Urteil veröffentlicht werden, werden üblicherweise in einer besonderen Sitzung vorgetragen, in der die Parteien aber keine Äußerungen mehr abgeben können. Nach einer durchschnittlichen Dauer von ca. 18 Monaten schließt das Verfahren mit der Verkündung des Urteils ab.

Das vorlegende Gericht ist an die Auslegung durch den EuGH nach Art. 177 EWGV gebunden und hat diese seiner Entscheidung – gegebenenfalls auch entgegen höchstinstanzlicher deutscher Rechtsprechung – zugrundezulegen. Damit ist das Vorabentscheidungsverfahren geeignet, die rechtsverbindliche Auslegung des Gemeinschaftsrechts durch den EuGH im inländischen Verfahren zur Geltung zu bringen.

III. Vorläufiger Rechtsschutz

Im Bereich des vorläufigen Rechtsschutzes ist zwischen der materiellen Problematik, ob Gemeinschaftsrecht überhaupt von deutschen Gerichten vorläufig durchgesetzt oder suspendiert werden kann, und der verfahrensrechtlichen Frage zu unterscheiden, ob hierfür eine Vorlageberechtigung oder -verpflichtung gemäß Art. 177 EWGV besteht.

1. Vorläufige Regelungen bezüglich EG-Recht

Die Durchsetzung europäischen Rechts vor deutschen Gerichten ist nicht nur im Hauptsacheverfahren, sondern auch in Verfahren des vorläufigen Rechtschutzes möglich.

So hat der EuGH kürzlich entschieden, daß der Erlaß einer einstweiligen Anordnung bei Zweifeln an der Vereinbarkeit nationalen Rechts mit Gemeinschaftsrecht auch dann zulässig sei, wenn dem im Einzelfall eine nationale Vorschrift entgegenstehe (EuGH, Urt. v. 19. 6. 1990, Rs. C-213/89 Factortame, EuGHE 1990 I 2433 = EuZW 1990, 578 = NJW 1991, 2271). Der *Grundsatz des Vorrangs des Gemeinschaftsrechts* gebiete, daß die Vertragsbestimmungen (hier: Diskriminierungsverbot gemäß Art. 7, 52 EWGV) allein durch ihr Inkrafttreten zur Unanwendbarkeit jeder entgegenstehenden Bestimmung des geltenden nationalen Rechts führten. Außerdem haben die Mitgliedstaaten entsprechend ihrer Mitwirkungspflicht gemäß Art. 5 EWGV denjenigen Rechtsschutz zu gewährleisten, der sich für den Einzelnen aus der unmittelbaren Wirkung des Gemeinschaftsrechts ergibt. Dies hat zur Folge, daß einem nationalen Gericht nicht die Befugnis abgesprochen werden kann, alles Erforderliche zu tun, um diejenigen innerstaatlichen Rechtsvorschriften auszuschalten, die unter Umständen ein – wenn auch nur vorübergehendes – Hindernis für die volle Wirksamkeit der Gemeinschaftsnormen bilden (so EuGH, Urt. v. 9. 3. 1978, Rs. 106/77 Simmenthal, EuGHE 1978, 629 = NJW 1978, 1741).

Auch im Bereich des deutschen Rechts ist bereits eine *Aussetzung der Vollziehung von Steuerbescheiden* wegen Zweifeln an der Vereinbarkeit des angewandten deutschen Steuerrechts mit Gemeinschaftsrecht erfolgt (BFH, Urt. v. 22. 1. 1992 I B 77/91, EuZW 1992, 284). In diesem Fall hat der BFH im Hinblick auf bisherige Rechtsprechung des EuGH zur Niederlassungsfreiheit ernstliche Zweifel an der Rechtmäßigkeit einer Besteuerung von Grenzgängern nach den Grundsätzen der beschränkten Steuerpflicht bejaht und die Aussetzung der Vollziehung einschlägiger Einkommensteuerbescheide bis zur Klärung der hierdurch aufgeworfenen Rechtsfragen in einem bereits anhängigen anderweitigen Vorabentscheidungsverfahren des EuGH verfügt.

Es kann aber nicht nur die vorläufige Durchsetzung (angeblich) gemein-
schaftswidriger nationaler Rechtsakte verhindert werden, sondern auch
eine *vorläufige faktische Außerkraftsetzung (angeblich) rechtswidrigen
EG-Rechts* erreicht werden:

So hat der EuGH bestätigt, daß nationale Gerichte auch die Vollziehung
eines Verwaltungsakts aussetzen dürften, der auf einer angeblich un-
gültigen Gemeinschaftsverordnung beruhte (EuGH, Urt. v. 21. 2. 1991
Rs. C-143/88 Zuckerfabrik, NVwZ 1991, 460 = EuZW 91, 313, zu
Art. 189 EWGV und VO 87/1914/EWG vom 2. 7. 1987), obwohl der
EuGH das Verwerfungsmonopol für sich in Anspruch nimmt. Voraussetzung eines derartigen Rechtsschutzes sei allerdings, daß das Gericht –
wie bei einer einstweiligen Anordnung des EuGH in Fällen der Direkt-
klage – erhebliche Zweifel an der Gültigkeit der Gemeinschaftsverordnung habe, der EuGH um Vorabentscheidung über die Gültigkeit der
Verordnung ersucht werde, die Entscheidung dringlich sei, dem Antragsteller ein schwerer und nicht wiedergutzumachender Schaden drohe, und
das Interesse der Gemeinschaft sowie die Notwendigkeit, die Wirksamkeit des Gemeinschaftsrechts sicherzustellen, angemessen berücksichtigt
seien. Hierdurch werden die verfahrensrechtlichen Vorschriften des einstweiligen Rechtsschutzes europarechtlich überlagert (krit. dazu Schlemmer-Schulte, EuZW 1991, 307 und Schoch, SGb 1992, 118).

Umgekehrt kann sich dieses *„Durchsetzungsinteresse" der EG* auch
durchaus zu Lasten des Bürgers auswirken, so wenn bspw. deutsche
Behörden EG-rechtlich verpflichtet sind, die aufschiebende Wirkung
eines Widerspruchs gegen einen auf EG-Recht beruhenden Verwaltungs-
akt durch Anordnung des Sofortvollzugs i. S. v. § 80 Abs. 2 Nr. 4 VwGO
zu beseitigen (so EuGH, Urt. v. 10. 7. 1990, Rs. C-217/88 Komm./Bundes-
republik, EuGHE 1990, 2899 = EuZW 1990, 384). Dies gilt selbst dann,
wenn die tatbestandlichen Voraussetzungen des nationalen Rechts nicht
gegeben sein sollten, denn fehlendes nationales Recht kann der Pflicht
zur effektiven Durchsetzung verbindlichen EG-Rechts nicht entgegen-
gehalten werden.

Die Berufung auf europäisches Recht und dessen Durchsetzung ist daher
unzweifelhaft auch im Bereich des vorläufigen Rechtsschutzes möglich
(Zur Europäisierung des vorläufigen Rechtsschutzes, s. a. Triantafyllou,
NVwZ 1992, 129).

2. Vorlageverfahren gem. Art. 177 EWGV

Der EuGH hat bereits in einer Vielzahl von Urteilen festgestellt, daß das Vorlagerecht nach § 177 Abs. 2 EWGV nicht durch den vorläufigen Charakter des Ausgangsverfahrens beeinträchtigt werde (vgl. EuGH, Urt. v. 24. 5. 1977, Rs. 107/76 Hoffmann-La Roche, EuGHE 1977, 957, 972; EuGH, Urt. v. 19. 6. 1990, Rs. C-213/89 Factortame, a. a. O.). Dies gilt sowohl für die Vollziehungsaussetzung wie für Verfahren der einstweiligen Anordnung bzw. der einstweiligen Verfügung. Die *Dringlichkeit* derartiger Verfahren stellt daher grundsätzlich keine Einschränkung des Vorlagerechts dar.

Anders verhält es sich jedoch bei der Vorlagepflicht nach Art. 177 Abs. 3 EWGV: Diese bestand in Verfahren des vorläufigen Rechtsschutzes nach bisheriger Auffassung des EuGH nicht, da eine erneute Überprüfung der im summarischen Verfahren nur vorläufig entschiedenen Frage des Gemeinschaftsrechts durch ein ordentliches Hauptsacheverfahren möglich ist (vgl. EuGH, Urt. v. 27. 10. 1982 Rs. 35/82 Morson, EuGHE 1982, 3723). Es verbleibt insoweit grundsätzlich bei der Möglichkeit, die freiwillige Vorlage anzuregen oder – bereits im Vorfeld – im Wege des vorläufigen und vorbeugenden Rechtsschutzes eine einstweilige Anordnung wegen Verstoßes einer bevorstehenden Maßnahme gegen Gemeinschaftsrecht zu beantragen (vgl. dazu BFH, Urt. v. 10. 9. 1991, EuZW 1992, 95 zur Gestattung der Einreise von Lkw entgegen dem Straßenbenutzungsgebührengesetz).

Besteht hierfür allerdings kein *Rechtsschutzbedürfnis,* etwa weil es zumutbar ist, auf die Anfechtung der drohenden Maßnahme verwiesen zu werden, verbleibt es bei der Vorlagepflicht des letztinstanzlichen Gerichts im Hauptsacheverfahren.

Etwas anderes könnte jetzt allerdings für den Fall gelten, daß die europäische Rechtsgrundlage für ungültig gehalten wird: Wie oben ausgeführt, macht der EuGH eine nationale Aussetzung neuerdings von einer Vorlage an den EuGH abhängig und erklärt die Vorlage damit im Aussetzungsverfahren zur Pflicht. Zusammenfassend kann man daher sagen: Deutsche Gerichte müssen auch in Verfahren des vorläufigen Rechtsschutzes europäisches Recht berücksichtigen, dürfen hierzu auch den EuGH anrufen, brauchen es aber (auch als letztinstanzliches Gericht) nicht, es sei denn, die Aussetzungsentscheidung beruhe auf einer unterstellten Ungültigkeit der Norm.

Die durch das Vorabentscheidungsverfahren beabsichtigte Durchsetzung europäischen Rechts vor nationalen Gerichten schlägt jedoch fehl, wenn Instanzgerichte von ihrem Vorlagerecht auch im Hauptsacheverfahren keinen oder nur geringen Gebrauch machen und letztinstanzliche Gerichte – wie bereits geschehen – ihre Vorlagepflicht mißachten:

Da es bei *Verletzung der Vorlagepflicht* keinen Rechtsbehelf an den EuGH gibt, verbleibt EG-rechtlich nur die Möglichkeit, die Einleitung eines Vertragsverletzungsverfahrens nach Art. 169 EWGV durch die EG-Kommission anzuregen. Der konkrete Streitfall bleibt hiervon allerdings unberührt. Als *nationaler Rechtsbehelf* käme insoweit allenfalls die Erhebung einer *Verfassungsbeschwerde* in Betracht.

IV. Verfassungsbeschwerdeverfahren

Nachdem das Bundesverfassungsgericht in seinem berühmten sog. Solange-II-Beschluß vom 22. 10. 1986 (BVerfG 73, 339 = NJW 1987, 577) dem EuGH die *Qualität eines gesetzlichen Richters* im Sinne des Art. 101 Abs. 1 Satz 2 GG zugesprochen hat, besteht grundsätzlich die Möglichkeit, einen Verstoß gegen die Vorlagepflicht des Art. 177 Abs. 3 EWGV durch Erhebung der *Verfassungsbeschwerde* zu rügen.

Dabei kann das Bundesverfassungsgericht selbst überprüfen, ob überhaupt eine europarechtliche Streitfrage vorliegt und diese für den Ausgang des Rechtsstreits entscheidungserheblich war, was allein dem Beurteilungsermessen des streitentscheidenden nationalen Gerichts unterliegt (vgl. EuGH, Urt. v. 16. 12. 1981, Rs. 244/80 Foglia-Novello II, EuGHE 1981, 3045, 3062). Obwohl das Bundesverfassungsgericht keine „*Superrevisionsinstanz*" darstellt und die ordnungsgemäße Anwendung einfachen Rechts grundsätzlich nicht überprüft, ist die Frage der Entscheidungserheblichkeit der europarechtlichen Vorfrage Tatbestandsvoraussetzung der Grundrechtsverletzung, weil ohne sie keine Vorlagepflicht bestünde und der gesetzliche Richter nicht entzogen worden wäre. Sollte sich hierbei die Frage stellen, ob Zweifel über die Auslegung des Gemeinschaftsrechts bestehen, wäre sogar das Bundesverfassungsgericht berechtigt und verpflichtet, die sich ihm stellende Frage über den Umfang und die Voraussetzungen der Vorlagepflicht nach Art. 177 Abs. 3 EWGV dem

EuGH zur Vorabentscheidung vorzulegen, denn auch für das Bundesverfassungsgericht ist Art. 177 EWGV unmittelbar geltendes Recht (BVerfGE 37, 271, 282; E 52, 187, 201).

Eine Verfassungsbeschwerde dürfte allerdings regelmäßig erfolglos sein, denn das Bundesverfassungsgericht hat bereits frühzeitig entschieden, daß eine Verletzung der Garantie des gesetzlichen Richters ohnehin nur dann in Betracht kommen könne, wenn es sich um einen *willkürlichen Verstoß gegen die Vorlagepflicht* handele (BVerfG, Urt. v. 13. 10. 1970, BVerfGE 29, 198, 207; BVerfG, Urt. v. 9. 6. 1971, BVerfGE 31, 145, 169; BVerfG, Urt. v. 29. 5. 1974, Solange I, NJW 1974, 1697, 1698).

Soweit ersichtlich, hat das Bundesverfassungsgericht erstmals im Jahre 1987 einer Verfassungsbeschwerde wegen Verletzung des gesetzlichen Richters stattgegeben, weil der Bundesfinanzhof einer im Ausgangsverfahren zuvor eingeholten Vorabentscheidung des EuGH nicht gefolgt war (BVerfG, Urt. v. 8. 4. 1987, NJW 1988, 1459 zu BFHE 143, 383 = NJW 1985, 2103). Auch wenn von geltenden Steuergesetzen abgewichen werden mußte, war der BFH an die Vorabentscheidung des EuGH gebunden. Es hätte insoweit allenfalls die Möglichkeit bestanden, die entscheidungserhebliche Rechtsfrage erneut dem EuGH vorzulegen. Die *Bindungspflicht* besteht selbst dann, wenn die Entscheidung des EuGH in einem völlig anderen Verfahren ergangen ist, solange die Auslegung für den Streitfall erheblich ist (BVerfG, Urt. v. 4. 11. 1987, EuGRZ 1988, 120 = KFR Fach 2 Art. 101 GG 1/88 S. 7 zu BFH/NV 1986, 247). Dies wird zwischenzeitlich auch vom BFH akzeptiert (vgl. Beschl. v. 29. 8. 1991, EuZW 1992, 348).

Während die willkürliche Verletzung des gesetzlichen Richters zu bejahen ist, wenn ein letztinstanzliches Gericht seine Vorlagepflicht trotz Entscheidungserheblichkeit der Rechtsfrage und angenommener Auslegungszweifel nicht anerkennt oder von einer bestehenden EuGH-Rechtsprechung ohne erneute Vorlage bewußt abweicht, ist dies äußerst zweifelhaft, wenn eine einschlägige EuGH-Rechtsprechung fehlte oder noch nicht erschöpfend war: Obwohl gerade in diesen Fällen eine Fortentwicklung der EuGH-Rechtsprechung naheliegt, nimmt das Bundesverfassungsgericht eine willkürliche Verletzung des Art. 101 Abs. 1 Satz 2 GG nur dann an, wenn das Gericht seinen *Beurteilungsspielraum* in unvertretbarer Weise überschritten habe, d. h. die Auffassung des Klägers über die entscheidungserhebliche Frage des Gemeinschaftsrechts derjenigen des vorlagepflichtigen Gerichts „eindeutig vorzuziehen" sei (st. Rspr., BVerfG, NJW 1991, 830; krit. Clausnitzer, NJW 1989, 641, 643). Diese *Auslegung des Willkürkriteriums* bedeutet, daß die Vorlagepflicht nach Art. 177 Abs. 3 EWGV und das Willkürverbot nach Art. 101 GG keineswegs deckungsgleich sind, im Gegenteil bei einer tatsächlich vorliegenden Vorlagepflichtverletzung regelmäßig Willkür nicht nachzuweisen sein wird (vgl. Nichtvorlage des BFH NJW 1991, 1775 m. krit. Anm. Arndt). Bei der gegenwärtigen Spruchpraxis des BVerfG kommt daher der Verfassungsbeschwerde nur äußerst geringe Bedeutung bei der Durchsetzung europäischen Rechts vor deutschen Gerichten zu (vgl. die Zurückweisung durch BVerfG NJW 1992, 678 gegen BGH NJW 1990, 982).

D. Ausblick

Wie die Spruchpraxis des Bundesverfassungsgerichts zeigt, wäre es verfehlt, die Durchsetzung des unmittelbar anwendbaren EG-Rechts erst vor dem höchsten deutschen Gericht zu suchen.

Wie auch sonst im Verfassungsrecht obliegt es vielmehr allen Beteiligten, den erforderlichen Rechtsschutz bereits vor den Instanzgerichten in Anspruch zu nehmen bzw. zu gewähren. Selbst die als Bundesrecht unmittelbar anzuwendende Vorlagepflicht gemäß Art. 177 Abs. 3 EWGV stellt keineswegs eine Garantie der richtigen Auslegung des Gemeinschaftsrechts oder der Beachtung der Entscheidungen des EuGH dar, wie zumindest die frühere Rechtsprechung des BFH eindrucksvoll zeigt.

Erforderlich ist daher, bereits die Chance einer Vorlage an den EuGH durch das erstinstanzliche Gericht wahrzunehmen, wovon erfreulicherweise offenbar zunehmend Gebrauch gemacht wird. Dies gilt auch und gerade dann, wenn das Revisionsgericht eine Vorlage der entscheidungserheblichen Rechtsfrage an den EuGH zuvor unterlassen hatte (so z. B. LG Hannover, EuZW 1991, 510 und Anm. in EuZW 1992, 256).

Diese Praxis begründet die Hoffnung, daß die Durchsetzung europäischen Gemeinschaftsrechts vor den deutschen Gerichten trotz der restriktiven Rechtsprechung des Bundesverfassungsgerichts weiter fortschreitet.

Teil 5:

Das materielle Gemeinschaftsrecht im Prozeß vor deutschen Gerichten

A. Grundlagen

I. Rechtsnatur der Europäischen Gemeinschaft

Mit Gemeinschaftsrecht bezeichnet man diejenigen Rechtsnormen, die für die Europäische Gemeinschaft für Kohle und Stahl (EGKS), die Europäische Atomgemeinschaft (EAG) und die Europäische Wirtschaftsgemeinschaft (EWG) gelten. Ursprünglich handelte es sich bei diesen Gemeinschaften um zwischenstaatliche, völkerrechtliche Organisationen. Sie unterscheiden sich aber von den klassischen internationalen Organisationen dadurch, daß ihnen die Mitgliedstaaten umfangreiche staatliche Hoheitsrechte übertragen haben und die Gemeinschaft damit eine autonome Rechtsordnung darstellt (EuGHE 1964, 1251 ff., 1269, Rs. 6/64 Costa/ENEL, st. Rspr.; BVerfGE 22, 292 ff.; BVerfGE 73, 339).

Die Übertragung von Hoheitsrechten hat dazu geführt, daß die Mitgliedstaaten Teile ihrer Souveränität aufgegeben haben und in diesen Bereichen nur noch die Gemeinschaft die Kompetenzen ausüben. Die Europäische Gemeinschaft hat damit einen ambivalenten Charakter, da sie zum einen völkerrechtlichen Ursprungs ist, zum anderen aber auch staatliche Hoheitsrechte ausübt. Dieser Charakter wird häufig mit dem Stichwort „supranational" bezeichnet.

Charakteristisch für diese *Supranationalität* sind zwei Wesensmerkmale:

- Die Gemeinschaft kann Beschlüsse auch gegen den Willen von einzelnen Mitgliedstaaten mit Wirkung gegen diese durchsetzen.

- Daneben gilt das Gemeinschaftsrecht in bestimmten Fällen ohne weitere Umsetzung in den Mitgliedstaaten selbst, d. h. es begründet Rechte und Pflichten für und gegen die Bürger der einzelnen Mitgliedstaaten.

II. Rechtsquellen

Grundsätzlich unterscheidet man zwischen dem primären und dem sekundären Gemeinschaftsrecht.

1. Primäres Gemeinschaftsrecht

Zum primären Gemeinschaftsrecht zählen zunächst vor allem die *Gründungsverträge,* die man auch als formelle Verfassung der Europäischen

Gemeinschaft bezeichnet. Neben den Gründungsverträgen zählen zum primären Gemeinschaftsrecht aber auch die *Protokolle,* die zu den Gründungsverträgen erlassen worden sind, z. B. das Protokoll über die Satzung des Gerichtshofs der Europäischen Wirtschaftsgemeinschaft (BGBl. 1957 II, 1166), die *Beitrittsverträge,* die mit später der Gemeinschaft beigetretenen Mitgliedstaaten geschlossen wurden, Verträge über die institutionelle Struktur der Gemeinschaft (z. B. den Fusionsvertrag von 1956) oder Abkommen, die die Gründungsverträge der Europäischen Gemeinschaft geändert haben, wie z. B. die *Einheitlich Europäische Akte* (EEA) vom 28. 2. 1986. Für den Fall, daß der *Vertrag von Maastricht* in Kraft tritt, zählen auch seine Regelungen zum Gemeinschaftsrecht.

Neben diesen Rechtsnormen gilt im Bereich des Primärrechts auch *ungeschriebenes Recht.* Besondere Bedeutung kommen in diesem Bereich die *allgemeinen Rechtsgrundsätze der Europäischen Gemeinschaft* zu. So hat der Europäische Gerichtshof aus solchen allgemeinen Rechtsgrundsätzen *Grundrechte* entwickelt, die die Hoheitsgewalt der Europäischen Gemeinschaft begrenzen. Diese Entwicklung von Grundrechten im Rahmen des Gemeinschaftsrechts hat dazu geführt, daß das Bundesverfassungsgericht in seiner *„Solange II"-Entscheidung* (BVerfGE 73, 339) seine Zuständigkeit für die Prüfung derjenigen Rechtsakte für ihre Vereinbarkeit mit nationalen Grundrechten eingeschränkt hat, die von Organen der Europäischen Gemeinschaft erlassen werden, solange für diese Rechtsakte der EuGH einen ausreichenden Grundrechtsschutz gewährleistet (vgl. zu den Grundrechten in der EG Pernice, NJW 1990, 2409; Pieper/Schollmeier, Europarecht – Ein Casebook, 1991, 287 ff. m. w. N. der Rspr. des EuGH).

2. Sekundäres Gemeinschaftsrecht

Mit sekundärem Gemeinschaftsrecht bezeichnet man alle Rechtsakte, die von den *Organen der Gemeinschaft* erlassen werden.

a) Prinzip der begrenzten Ermächtigung

Die Europäische Gemeinschaft verfügt keineswegs über eine Allzuständigkeit zur Wahrnehmung von Aufgaben, wie sie den Mitgliedstaaten zukommt. Vielmehr gilt das Prinzip der begrenzten Ermächtigung, wonach die Gemeinschaft nur für solche Materien eine Zuständigkeit erhalten hat, die ausdrücklich im Primärrecht vorgesehen ist.

Für ein *Tätigwerden der Gemeinschaft* ist somit eine ausdrückliche vertragliche Ermächtigung notwendig (vgl. nur Bleckmann, Europarecht, 5. Aufl. 1990, Rdnr. 108 ff.). Aus einer solchen ausdrücklichen vertraglichen Ermächtigung ergeben sich auch die Handlungsmittel, mit dem die Gemeinschaft tätig werden kann.

b) Katalog der Handlungsmittel der EG

Den *Katalog der Handlungsmittel,* die der Gemeinschaft zur Verfügung stehen, beschreibt Art. 189 EWGV. Dabei handelt es sich um

* Verordnungen,
* Richtlinien,
* Entscheidungen,
* Empfehlungen und
* Stellungnahmen.

III. Rechtsetzung der Gemeinschaft

Ein wesentliches Element der Supranationalität ist ihre Befugnis zur Rechtsetzung. Dabei läßt sich vereinfachend feststellen, daß im wesentlichen der *Rat* das *Hauptrechtsetzungsorgan* der Europäischen Gemeinschaft ist. Der Ministerrat setzt sich zusammen aus Mitgliedern der Regierungen der Mitgliedstaaten. Der Rat erläßt seine Entscheidungen auf *Vorschlag der Kommission.* Diese besitzt hinsichtlich der zu erlassenen Rechtsakte ein *Initiativmonopol.*

Vor Erlaß der Rechtsakte durch den Rat ist in der Regel eine Anhörung des *Europäischen Parlaments* und des *Wirtschafts- und Sozialausschusses* notwendig. Das Europäische Parlament besitzt nur sehr wenige echte Mitwirkungsrechte, so z. B. bei der Verabschiedung des Haushaltes der Europäischen Gemeinschaft. In allen übrigen Fällen der Rechtsetzung durch die Europäische Gemeinschaft hat das Parlament lediglich eine beratende Funktion (vgl. umfassend nur Lenz/Erhard, in: Lenz (Hrsg.), EG-Handbuch Recht im Binnenmarkt, 1991, S. 63 ff.).

B. Materielles Gemeinschaftsrecht im deutschen Prozeß

Nach der ständigen Rechtsprechung des EuGH handelt es sich beim Gemeinschaftsrecht um eine autonome Rechtsordnung, die in Ursprung und Bestand vom nationalen Recht unabhängig ist (EuGHE 1963, 1, van Gend & Loos; EuGHE 1964, 1251, Costa/ENEL; EuGHE 1978, 629 Simmenthal). Durch die Übertragung von Befugnissen der Mitgliedstaaten an die Gemeinschaft kommt es zu verschiedenen Kollisionen zwischen Gemeinschaftsrecht und nationalem Recht.

Aus der Sicht des Gemeinschaftsbürgers kann man dabei zwei verschiedene Rechtswirkungen unterscheiden, denen er unterworfen ist und die damit im Prozeß und Verwaltungsverfahren auch in unterschiedlicher Wirkung zum Tragen kommen.

I. Kollision zwischen nationalem Recht und Gemeinschaftsrecht

Führt man sich vor Augen, daß nach einer Prognose der EG-Kommission mit Eintreten in den europäischen Binnenmarkt ca. 80 % aller wirtschaftsrelevanten Rechtsvorschriften durch die Europäischen Gemeinschaften maßgeblich vorbestimmt werden, so wird deutlich, in welchem Maße das Gemeinschaftsrecht auch in der praktischen Anwendung in den einzelnen Mitgliedstaaten von Bedeutung ist. Dabei kann es sehr leicht zu der Situation kommen, daß auf einen Sachverhalt sowohl Normen des Gemeinschaftsrechts wie auch Normen des nationalen Rechts Anwendung finden. In einem solchen Fall stellt sich im gerichtlichen Verfahren wie auch in allen anderen Verfahren (z. B. Verwaltungsverfahren) wie auch in Bezug auf Vertragsschlüsse zwischen Privaten die Frage, ob die nationale Rechtsnorm oder das Gemeinschaftsrecht Anwendung findet. Die Lösung solcher Kollisionen beruht auf der grundsätzlichen Frage des Verhältnisses zwischen Gemeinschaftsrecht und nationalem Recht.

II. Verhältnis von Gemeinschaftsrecht und nationalem Recht

Das Europäische Gemeinschaftsrecht ist völkerrechtlichen Ursprungs. Von diesem Herkommen liegt es daher nahe, zur Erklärung des Verhältnisses von Gemeinschaftsrecht und nationalem Recht völkerrechtliche Theorien heranzuziehen (vgl. statt aller Bleckmann, a. a. O., Rdnr. 716 ff.). Danach entscheidet sich die unmittelbare Anwendung des Gemeinschaftsrechts und auch sein Rang gegenüber nationalen Rechtsnormen danach, ob ein Staat der monistischen Theorie (beispielsweise Frankreich) oder der dualistischen Theorie (die Bundesrepublik Deutschland) folgt. Nach der in der Bundesrepublik Deutschland vertretenen dualistischen Theorie wäre es daher notwendig, daß das Europäische Gemeinschaftsrecht jeweils in nationales Recht transformiert wird. Durch den hierfür erforderlichen Transformationsakt ändert sich aber der Geltungsgrund, es handelt sich dann weniger um Gemeinschaftsrecht als vielmehr um nationales Recht, daß lediglich durch Gemeinschaftsrecht veranlaßt ist.

Für das Europäische Gemeinschaftsrecht und sein Verhältnis zum nationalen Recht hat sich aber demgegenüber keine der völkerrechtlichen Theorien durchsetzen können. Es handelt sich um eine eigenständige Lösung, die im wesentlichen durch die Rechtsprechung des Europäischen Gerichtshofs bestimmt wird.

III. Anwendbarkeit des Gemeinschaftsrechts in den mitgliedstaatlichen Rechtsordnungen

In der Bundesrepublik Deutschland sind die Gründungsverträge durch ein Bundesgesetz ursprünglich in nationales Recht transformiert worden. Damit stellt sich die Frage der unmittelbaren Anwendbarkeit für die primärrechtlichen Normen des EWG-Vertrages nicht mehr unmittelbar. Es ist grundsätzlich zu unterscheiden, ob es sich um primärrechtliche Normen oder um abgeleitetes Gemeinschaftsrecht handelt. Bei dem abgeleiteten Gemeinschaftsrecht ist weiterhin nach den verschiedenen Handlungsmitteln, die sich in Art. 189 EWGV befinden, zu differenzieren.

1. Unmittelbare Anwendung des Primärrechts

In ständiger Rechtsprechung seit der *Rechtssache van Gend & Loos* (Rs. 26/62, EuGHE 1963, S. 1 ff.) hat der Gerichtshof ausgeführt, daß das

Pieper/Schollmeier

Gemeinschaftsrecht eine neue Rechtsordnung des Völkerrechts darstelle, zu deren Gunsten die Staaten im begrenzten Rahmen ihre Souveränitätsrechte eingeschränkt hätten und Hoheitsrechte auf die Gemeinschaft übertragen hätten. Die gemeinschaftliche Rechtsordnung verpflichte nicht nur die Mitgliedstaaten, sondern enthalte direkte Rechte auch für die natürlichen und juristischen Personen in den Mitgliedstaaten. Daher müßte für die primärrechtlichen Rechtsnormen im einzelnen geprüft werden, ob sie derart ausgestaltet seien, daß sie unmittelbare Wirkungen erzeugen und individuelle Rechte begründen könnten, (etwa: EuGHE 1966, 257, 266, Lütticke) welche die staatlichen Gerichte zu beachten hätten.

a) Im Verhältnis Bürger–Mitgliedstaaten

In verschiedenen Entscheidungen hat der Gerichtshof eine Reihe von primärrechtlichen Rechtsbestimmungen als unmittelbar anwendbar erklärt, so z. B. Art. 12, Art. 31, Art. 32 Abs. 1, Art. 37 Abs. 2, Art. 53, Art. 95, und insbesondere auch die Niederlassungs- und Warenverkehrsvorschriften (Art. 52–58 und Art. 30 EWGV). Gleiches gilt etwa auch für den Grundsatz gemäß Art. 119 EWGV mit dem gleichen Entgelt für Mann und Frau (Rs. 43/75, EuGHE 1976, 455 [Defrenne II]). Dabei gelten die Wirkungen der primärrechtlichen Vertragsnormen grundsätzlich im Verhältnis zwischen den Bürgern und ihren Mitgliedstaaten.

b) Zwischen den Gemeinschaftsbürgern

Unmittelbar anwendbar können Vertragsartikel auch dann sein, wenn sie sich auf das Verhältnis zwischen den Gemeinschaftsbürgern beziehen. In solchen Fällen spricht man von *horizontaler Wirkung des Gemeinschaftsrechts.* Sie wurde für einige Vertragsvorschriften anerkannt, so für die Art. 85 und 86 EWGV über das Wettbewerbsrecht (vgl. z. B. EuGH Rs. 13/61, EuGHE 1962, 91) wie auch für die Regelungen der Art. 7, 48, 59 EWGV (EuGH, Rs. 36/74 Walraff, EuGHE 1974, 1405 ff.) sowie hinsichtlich Art. 119 für kollektivrechtliche Arbeitsverträge und Verträge zwischen Privatpersonen (EuGH Rs. 43/75, Defrenne II, EuGHE 1976, 455).

2. Unmittelbare Wirkung des Sekundärrechts

Hinsichtlich der unmittelbaren Wirkung von sekundärrechtlichen Rechtsnormen der Gemeinschaft ist nach ihrem Rechtsnormcharakter zu unterscheiden.

a) Verordnungen

Gemäß Art. 189 Abs. 2 EWGV hat die Verordnung allgemeine Geltung und ist in all ihren Teilen verbindlich und gilt unmittelbar in jedem Mitgliedstaat. Bereits aus dieser Legaldefinition ergibt sich die unmittelbare Anwendbarkeit der Verordnungen in den Mitgliedstaaten (explizit: EuGHE 1971, 1039 [Politi]). Sofern eine Verordnung einen Sachverhalt regelt, bedarf es keiner weiteren Umsetzung in einen nationalen Rechtsakt.

Nationale Gerichte und Behörden haben diese Bestimmungen zu beachten. Dies gilt auch zwischen Privaten, sofern Verordnungen diesbezügliche Sachverhalte regeln.

b) Richtlinien

Etwas anderes gilt für Richtlinien. Gemäß Art. 189 Abs. 3 EWGV ist die Richtlinie für jeden Mitgliedstaat, an den sie gerichtet wird, hinsichtlich des zu erreichenden Ziels verbindlich, überläßt jedoch den innerstaatlichen Stellen die Wahl der Form und der Mittel (s. A II 2 c).

aa) Umsetzung in nationales Recht

Richtlinien statuieren für die Mitgliedstaaten somit gewisse Handlungsverpflichtungen, d. h. die Mitgliedstaaten müssen die Richtlinien in nationales Recht umsetzen. Sie entfalten daher für sich genommen keine unmittelbaren Wirkungen. Die *Zielvorstellungen,* die in Richtlinien verwirklicht werden, erhalten innerstaatlich erst dann Geltung, wenn ein entsprechender nationaler Rechtsakt ergangen ist. Von ihrem Sinn und Zweck her dienen Richtlinien daher dazu, eine Rechtsentwicklung im nationalen Rechtsraum anzustoßen. Hauptsächliches Ziel von Richtlinienbestimmungen ist die Harmonisierung der unterschiedlichen rechtlichen Vorschriften in den Mitgliedstaaten der Gemeinschaft (z. B. gem. Art. 100 EWGV). Für die durch Richtlinien zu regelnden Sachverhalte steht am

Ende der Entwicklung eine einheitliche rechtliche Regelung in allen europäischen Mitgliedstaaten.

Als Beispiel für einen solchen Richtlinienzweck kann die *Produkthaftungsrichtlinie* der Europäischen Gemeinschaft im Jahre 1985 genannt werden, die in der Bundesrepublik Deutschland durch das Produkthaftungsgesetz, das am 1.1.1991 in Kraft getreten ist, umgesetzt worden ist.

Als weiteres Beispiel für eine solche Entwicklung kann die o. a. *Rechtsanwaltsdienstleistungsrichtlinie* gelten, die die Rechtsvorschriften für die Voraussetzungen einer Rechtsanwaltsdienstleistung in allen Mitgliedstaaten gleich gestaltet hat. Ein Unterschied gilt hier allerdings insoweit, als die Rechtsanwaltsdienstleistungsrichtlinie nicht etwa eine vollständige Harmonisierung der Vorschriften über die rechtsanwaltliche Tätigkeit zum Zweck hat, sondern vielmehr ausländischen EG-Anwälten die Möglichkeit zur Dienstleistung in den verschiedenen Mitgliedstaaten eröffnen will und allein die hierfür bestehenden unterschiedlichen Voraussetzungen vereinheitlichen möchte.

bb) Unmittelbare Anwendbarkeit

Obwohl Richtlinien, wie ausgeführt, grundsätzlich keine unmittelbare Anwendbarkeit im innerstaatlichen Recht zukommt, entfalten sie unter bestimmten Voraussetzungen doch Wirkung. Beim Erlaß von Richtlinien durch die Europäische Gemeinschaft wird den Mitgliedstaaten regelmäßig eine Frist zur Umsetzung der Richtlinienziele in nationales Recht gesetzt. In der Vergangenheit kam es häufig dazu, daß die Mitgliedstaaten der Umsetzungsverpflichtung nicht rechtzeitig oder auch nicht in vollem Umfang nachgekommen sind. Dies hatte zur Folge, daß die mit den Richtlinien bezweckte einheitliche europaweite Regelung eines Sachverhalts nicht erreicht wurde.

Die Kommission der Europäischen Gemeinschaft ist hiergegen zum Teil in Form der *Vertragsverletzungsverfahren* gemäßt Art. 169 EWGV gegen die Mitgliedstaaten, die ihrer Umsetzungsverpflichtung nicht nachgekommen sind, vorgegangen. Teilweise hatte der Europäische Gerichtshof auch Gelegenheit, im Wege der *Vorabentscheidung* die Frage zu klären, inwieweit Richtlinienbestimmungen, obwohl eine nationale Regelung nicht ergangen ist, innerstaatliche Anwendung finden.

Der EuGH hat mittlerweile in ständiger Rechtsprechung (erstmals in Rs. 41/75, von Duyn, EuGHE 1964, 1337) Richtlinien dann eine *unmittelbare Anwendung* in der innerstaatlichen Rechtsordnung zuerkannt, wenn

- die Frist zur Umsetzung der Richtlinien verstrichen ist, ohne daß der nationale Umsetzungsakt erfolgte,

- die Richtlinienbestimmung eine unbedingte Verpflichtung des Mitgliedstaates zur Umsetzung enthält, der dieser nicht oder nur ungenügend nachgekommen ist und

- die Bestimmung, um die es geht, nach Normgehalt und Wortlaut geeignet ist, unmittelbare Wirkungen in Rechtsbeziehungen zwischen den Mitgliedstaaten und den Individuen zu begründen.

Der Gerichtshof hat diese Rechtsprechung damit begründet, daß es unvereinbar mit der den Richtlinien zuerkannten verbindlichen Wirkung wäre, wenn sich betroffene Personen auch bei Nichtumsetzung der Richtlinien auf die den Mitgliedstaaten auferlegte Verpflichtung nicht berufen könnten. Dies hat zur Folge, daß sich einzelne nur auf solche Richtlinienbestimmungen beziehen könnten, die in Rechte gegenüber ihren eigenen Mitgliedstaaten zuerkennen.

Eine *unmittelbare Anwendbarkeit von Richtlinienbestimmungen zu Lasten der Bürger* hat der EuGH dagegen abgelehnt. Dies gilt auch für die sogenannte horizontale Wirkung von Richtlinien, also die unmittelbare Anwendbarkeit nicht umgesetzter Richtlinienbestimmungen im *Verhältnis zwischen den Marktbürgern.*

Hervorzuheben ist aber, daß unmittelbar anwendbare Richtlinienbestimmungen nicht nur im Prozeß vor den Gerichten, sondern grundsätzlich von allen nationalen Behörden zu beachten und anzuwenden sind (EuGHE 1989, 1839 [Constanzo]; vgl. Pieper, DVBl. 1990, 6842).

c) Entscheidungen

Unproblematisch ist die unmittelbare Anwendbarkeit von Entscheidungen. Gemäß Art. 189 Abs. 4 EWGV ist eine Entscheidung in all ihren Teilen für diejenigen verbindlich, die sie bezeichnet.

d) Stellungnahmen und Empfehlungen

Da Stellungnahmen und Empfehlungen gemäß Art. 189 Abs. 5 EWGV keinen verbindlichen Charakter besitzen, stellt sich die Frage der unmittelbaren Anwendbarkeit solcher Gemeinschaftshandlungen nicht.

IV. Vorrang des Gemeinschaftsrechts vor der Anwendbarkeit nationalen Rechts

Mit der Frage der unmittelbaren Anwendbarkeit des Gemeinschaftsrechts ist noch nicht das Problem gelöst, welchen Rang das Gemeinschaftsrecht in der nationalen Rechtsordnung genießt. Zwar gibt es Bereiche, in denen nationale Regelungen womöglich noch nicht bestehen und das Gemeinschaftsrecht eine echte Neuerung darstellt. Viel häufiger sind aber die Regelungsbereiche, in denen nationale Normen bereits existent sind. Dies gilt insbesondere für die Richtlinien, die gemäß Art. 100 EWGV zur Harmonisierung von unterschiedlichen Rechtsvorschriften in den verschiedenen Mitgliedstaaten ergehen. Sofern also für einen sachlichen Anwendungsbereich von Gemeinschaftsregelungen bereits eine nationale Regelung besteht, stellt sich die Frage, wie solche Kollisionen zu lösen sind. Dabei lassen sich grundsätzlich *zwei Kollisionsmöglichkeiten* unterscheiden:

- Zum einen kann eine Gemeinschaftsregelung im Widerspruch zu einer einfachgesetzlichen Regelung stehen.

- Darüber hinaus kann eine Gemeinschaftsregelung auch gegen nationales Verfassungsrecht, z. B. Grundrechte, verstoßen.

1. Rechtsprechung des Gerichtshofs

In der grundlegenden Rechtssache Costa/ENEL (Rs. 6/64, EuGHE 1964, 1251) hat der Gerichtshof den Vorrang des Gemeinschaftsrechts grundsätzlich festgestellt. Aus der Entscheidung ergibt sich, daß der Vorrang des Gemeinschaftsrechts allein aus der Vertragsgründung, also aus der Gemeinschaftsrechtsordnung als solcher entspringt. Dazu hat der Gerichtshof ausgeführt:

„Denn durch die Gründung einer Gemeinschaft für unbegrenzte Zeit, die mit eigenen Organen, mit der Rechts- und Geschäftsfähigkeit, mit internationaler Handlungsfähigkeit und insbesondere mit echten, aus der Beschränkung der

Zuständigkeit der Mitgliedstaaten oder der Übertragung von Hoheitsrechten der Mitgliedstaaten auf die Gemeinschaft herrührenden Hoheitsrechten ausgestattet ist, haben die Mitgliedstaaten, wenn auch auf einem begrenzten Gebiet, ihre Souveränitätsrechte beschränkt und so einen Rechtskörper geschaffen, der für ihre Angehörigen und sie selbst verantwortlich ist.

Diese Aufnahme der Bestimmungen des Gemeinschaftsrechts in das Recht der einzelnen Mitgliedstaaten und, allgemeiner, Wortlaut und Geist des Vertrages haben zur Folge, daß es den Staaten unmöglich ist, gegen eine von ihnen auf der Grundlage der Gegenseitigkeit angenommene Rechtsordnung nachträglich einseitige Maßnahmen ins Feld zu führen. Solche Maßnahmen stehen der Anwendbarkeit der Gemeinschaftsrechtsordnung daher nicht entgegen. Denn es würde eine Gefahr für die Verwirklichung der in Art. 5 Abs. 2 aufgeführten Ziele des Vertrages bedeuten und Diskriminierung zur Folge haben, wenn das Gemeinschaftsrecht je nach der nachträglichen innerstaatlichen Gesetzgebung von einem Staat zum anderen verschiedene Geltung haben könnte.

Die Verpflichtungen, die die Mitgliedstaaten im Vertrag zur Gründung der Gemeinschaft eingegangen sind, wären keine unbedingten mehr, sondern nur noch eventuelle, wenn sie durch spätere Gesetzgebungsakte der Signatastaaten in Frage gestellt werden können. Wo der Vertrag den Staaten das Recht zum einseitigen Vorgehen zugestehen will, tut er das durch klare Bestimmungen. (. . .)

Der Vorrang des Gemeinschaftsrechts wird auch durch Art. 189 bestätigt; demzufolge ist die Verordnung „verbindlich" und „unmittelbar in jedem Mitgliedstaat". Diese Bestimmung, die dort nicht eingeschränkt wird, wäre ohne Bedeutung, wenn die Mitgliedstaaten sie durch Gesetzgebungsakte, in den gemeinschaftsrechtlichen Normen vorgehen, einseitig ihrer Wirksamkeit berauben könnten.

Aus all dem folgt, daß die vom Vertrag geschaffenen, somit aus einer autonomen Rechtsquelle fließenden Rechte, gegen dieser seiner Eigenständigkeit keine wie immer gearteten innerstaatlichen Rechtsvorschriften vorgehen können, wenn ihm nicht sein Charakter des Gemeinschaftsrechts aberkannt und wenn nicht die Rechtsgrundlage der Gemeinschaft selbst in Frage gestellt werden soll.

Die Staaten haben somit dadurch, daß sie nach Maßgabe der Bestimmungen des Vertrages Rechte und Pflichten, die bis dahin der inneren Rechtsordnung unterworfen waren, der Regelung durch die Gemeinschaftsrechtsordnung vorbehalten haben, eine endgültige Beschränkung ihrer Hoheitsrechte bewirkt, die durch spätere einseitige, mit dem Gemeinschaftsbegriff unvereinbare Maßnahmen nicht rückgängig gemacht werden kann."

Auf der Grundlage dieser Entscheidung kann man davon ausgehen, daß das Gemeinschaftsrecht grundsätzlich Vorrang vor nationalen Rechtsakten erhält, sofern es sich um unmittelbar anwendbares Gemeinschaftsrecht handelt. Dies gilt auch gegenüber nationalem Verfassungsrecht, wie der EuGH in einem Urteil (EuGHE 1970, 125, Rdnr. 3) ausdrücklich bestätigt hat.

Der Vorrang des Gemeinchaftsrechts führt dazu, daß nationale Stellen (Gerichte, Behörden u. a.) das Gemeinschaftsrecht anzuwenden haben, wenn es einen Sachbereich regelt, auch wenn hier eine nationale Vorschrift besteht. Aus der Entscheidung Costa/ENEL ergibt sich zudem auch, daß spätere nationale Rechtsakte die Wirkung des vorher ergangenen Gemeinschaftsrechts nicht aufheben, also das Gemeinschaftsrecht weiterhin Vorrang genießt. Die *lex posterio-Regel* gilt insoweit nicht für nationale Rechtsregelungen.

Der Vorrang des Gemeinschaftsrechts von nationalem Recht auf allen Stufen läßt die Frage nach dem Schicksal der entgegenstehenden nationalen Rechtsnorm unberührt. Zumindest läßt sich aus dem Gemeinschaftsrecht nicht entnehmen, daß das Gemeinschaftsrecht die Nichtigkeit der nationalen Rechtsnormen bewirkt. Es handelt sich vielmehr um einen Anwendungsvorrang (EuGHE 1978, 629, Rdnr. 21, 23 [Simmental]).

2. Anerkennung des Vorrangs und der unmittelbaren Anwendbarkeit des Gemeinschaftsrechts durch die deutsche Rechtsprechung

Bereits in der Frühphase der Europäischen Integration hat das Bundesverfassungsgericht (BVerfGE 22, 293) den Vorrang des Gemeinschaftsrechts vor einfachem staatlichen Recht anerkannt (vgl. auch BVerfGE 31, 145).

Demgegenüber hat das Bundesverfassungsgericht den Vorrang des Gemeinschaftsrechts vor nationalem Verfassungsrecht, insbesondere vor nationalen Grundrechten, zu Anfang nicht akzeptiert. Insbesondere in der sogenannten *„Solange I-Entscheidung"* (BVerfGE 37, 273) hat das Bundesverfassungsgericht ausgeführt, daß es sich solange zur Prüfung von Gemeinschaftsrechtsakten an nationalen Grundrechten befugt sehe, als das Gemeinschaftsrecht und die Rechtsprechung des Europäischen Gerichtshofs keinen ausreichenden Schutz der Grundrechte garantieren würde. In einer späteren Entscheidung, im sogenannten *„Vielleicht-Beschluß"* (BVerfGE 52, 53, 137) ließ das Bundesverfassungsgericht noch offen, ob abgeleitetes sekundäres Gemeinschaftsrecht nationalen Grundrechten vorginge und ob das Bundesverfassungsgericht weiterhin eine Prüfungskompetenz hierzu besitze. Mit der sogenannten *„Solange II-Entscheidung"* (BVerfGE 73, 339) hat das Bundesverfassungsgericht seine Prüfungskompetenz für die Übereinstimmung von Gemeinschaftsrechtsakten an nationalen Grundrechten ausgesetzt und dies damit begründet, daß insbesondere die Rechtsprechung des Gerichtshofs der Gemeinschaften einen wirksamen Schutz der Grundrechte gegenüber der Hoheitsgewalt der Gemeinschaften generell gewährleistet, der dem vom Grundgesetz als unabdingbar gebotenen Grundrechtsschutz im wesentlichen gleich zu achten ist. In derselben Entscheidung hat das Bundesverfassungsgericht zusätzlich den Europäischen Gerichtshof als *gesetzlichen Richter* im Sinne des Art. 101 GG anerkannt.

Daher ist – obwohl noch etliche Fragen ungeklärt sind und Zweifel an der *Vorrangproblematik* bestehen (vgl. hierzu Kirchoff, Europarecht-Beiheft 1, 1992; Scholz, NJW 1990, 941) – grundsätzlich von einem Anwendungsvorrang von primärem und sekundärem Gemeinschaftsrecht vor nationalem einfachen und nationalem Verfassungsrecht auszugehen.

Für die Anwendung von materiellem Gemeinschaftsrecht im Prozeß vor deutschen Gerichten hat dies zur Folge, daß dem Gemeinschaftsrecht entgegenstehende Rechtsnormen unangewendet bleiben müssen und die Entscheidung nach der Gemeinschaftsregelung getroffen werden muß.

V. Indirekte Wirkung des Gemeinschaftsrechts

Neben der unmittelbaren Anwendbarkeit von primärem und sekundärem Gemeinschaftsrecht im Rahmen der nationalen Rechtsordnung und der Frage nach dem Vorrang kann man indirekte Wirkungen des Gemeinschaftsrechts feststellen.

Gegenüber den unmittelbar anwendbaren Gemeinschaftsbestimmungen sind diese Wirkungen von besonderer Bedeutung, da die hier anstehenden Fragen weitgehend noch einer Klärung durch den EuGH bedürfen. Besonders deutlich werden diese indirekten Wirkungen im Fall der Umsetzung von Richtlinien in nationales Recht.

Während, wie oben ausgeführt, der EuGH für nicht umgesetzte Richtlinien entschieden hat, daß sie unter Umständen unmittelbare Wirkung in mitgliedstaatlichem Recht entfalten können und somit auch ohne Umsetzung angewandt werden müssen, ist es heute offen, wie der Fall einer Divergenz zwischen Richtlinienregelung und nationalem Umsetzungsakt zu behandeln ist.

Geht man davon aus, daß Richtlinien grundsätzlich keine unmittelbare Wirkung im nationalem Recht entfalten sollen, müßte man dazu kommen, daß die Divergenz zwischen der nationalen Regelung und der Richtlinienregelung unberücksichtigt bleiben muß. Gegen diese Argumentation spricht allerdings, daß der Gerichtshof in seiner Rechtsprechung immer wieder den sogenannten *„Effet-utile"* des Gemeinschaftsrechts in den Vordergrund drückt und die praktische Wirkung des Gemeinschaftsrechts als wesentlichen Grund für die unmittelbare Anwendbarkeit von Richtlinienbestimmungen sieht (EuGHE 1980, 825, 838; 1974, 1337/1348). Zudem ist zu berücksichtigen, daß die Mitgliedstaaten grundsätzlich gemäß Art. 5 des EWGV verpflichtet sind, die Richtlinie entsprechend ihrem Richtlinienziel im Gemeinschaftsrecht umzusetzen. Gegen diesen Grundsatz der Gemeinschaftstreue verstößt ein Mitgliedstaat dann, wenn sein nationaler Umsetzungsakt gegenüber dem Richtlinienziel divergiert. Wendet man den vom EuGH in seiner Entscheidung Costa/ENEL aufgestellten Grundsatz an, daß die *lex posterio-Regel* für nationale Rechtssetzungsakte gegenüber dem Gemeinschaftsrecht nicht gilt, muß dies auch für Rechtsakte gelten, die zwar in Umsetzung einer Richtlinie ergehen, aber den Richtlinieninhalt nicht richtig in nationales Recht umsetzen. Maßgeblich ist insoweit damit der Inhalt der Richtlinie. Nationale Richtlinienumsetzungen sind daher insoweit „europarechtskonform" auszulegen und anzuwenden (vgl. Di Fabio, NJW 1990, 947; Jarass, EuR 1991, 211).

C. Zusammenfassung

Sind in einem Prozeß vor einem deutschen Gericht Gemeinschaftsrechtsnormen anzuwenden, so sind folgende Grundsätze zu berücksichtigen:

- Das *primäre Gemeinschaftsrecht* genießt Vorrang vor jeder divergierenden nationalen Rechtsregel, sofern die Gemeinschaftsregel unmittelbar anwendbar ist;

- für *Verordnungen* gilt dies entsprechend;

- eine *Anwendung von Richtlinien* im Prozeß vor nationalen Gerichten kommt nur dann in Frage, wenn diese die Kriterien für eine unmittelbare Anwendbarkeit von Richtlinien, die der EuGH in seiner Rechtsprechung aufgestellt hat, erfüllen. Dies gilt auch im Verwaltungsverfahren vor Behörden;

- sofern die Richtlinien in nationales Recht umgesetzt sind, ist die nationale Rechtsnorm anzuwenden;

- im Falle von Divergenzen zwischen den nationalen Umsetzungsakten und Richtlinienregeln ist die nationale Regelung im Sinne der Richtlinie auszulegen.

Sollten deutsche Gerichte, was nicht selten der Fall ist, diese Grundsätze außer acht lassen, ist seitens der prozeßführenden Partei anzuregen, eine Vorabentscheidung über die Anwendbarkeit des Gemeinschaftsrechts im konkreten Prozeß durch das Gericht gemäß Art. 177 EWGV anzuregen. Hierbei ist zu berücksichtigen, daß das Bundesverfassungsgericht in der *„Solange II-Entscheidung"* (BVerfGE 73, 339) auch festgestellt hat, daß eine Nichteinholung einer Vorortentscheidung gemäß Art. 177 EWGV vor dem EuGH gegen den gesetzlichen Richter gemäß Art. 101 GG verstößt und einen Grund für eine Verfassungsbeschwerde vor dem Bundesverfassungsgericht darstellen kann (vgl. zur Durchsetzung des Gemeinschaftsrechts im Prozeß vor deutschen Gerichten Teil 4). Zudem sollten ggf. die zur Verfügung stehenden Rechtsmittel ausgeschöpft werden, da gem. Art. 177 EWGV die letztinstanzlichen Gerichte zur Vorlage an den EuGH verpflichtet sind.

Hinzuweisen ist auch auf die Rechtsprechung des EuGH zum *Schadensersatz der Mitgliedstaaten* für die Nichtumsetzung von Richtlinien. Danach darf das nationale Haftungsrecht einen Schadensersatz nicht vereiteln. Sollten Gerichte und Behörden Gemeinschaftsrecht mißachten, kann Schadensersatz nach diesen Grundsätzen geltend gemacht werden (vgl. EuGH, NJW 1992, 165, dazu m. w. N. Pieper, NJW 1992, 2454).

Teil 6:

Das Rechtsschutzsystem der Europäischen Gemeinschaft

A. Einleitung

Das Recht der Europäischen Gemeinschaft gilt in allen Mitgliedstaaten
gleichermaßen und in der Regel unmittelbar (vgl. Teil 5 B). Trotzdem
kommt es immer wieder zu Verstößen gegen das Gemeinschaftsrecht

durch nationale Körperschaften, Behörden und Gerichte. Der Verstoß liegt oft in der Nichtbeachtung des Gemeinschaftsrechts, wofür es unterschiedliche Gründe gibt. Während der Kenntnisstand über das nationale Recht normalerweise auch die Rechtsprechung der obersten Gerichte erfaßt, ist er in Bezug auf das Gemeinschaftsrecht bei den meisten staatlichen Stellen nur unzureichend ausgeprägt. Da das Gemeinschaftsrecht unabhängig vom Zeitpunkt seines Erlasses Vorrang vor nationalem Recht genießt, kann es zu einer Reihe von Kollisionen kommen. Denkbare Fälle eines Verstoßes gegen das Gemeinschaftsrecht sind die bloße Nichtkenntnis, die fehlerhafte Interpretation oder die nicht fristgemäße oder fehlerhafte Umsetzung des Gemeinschaftsrechts in nationales Recht. Das Europarecht enthält aber häufig für den einzelnen begünstigende Rechtspositionen, so daß sich für den Anwalt die Frage stellt, wie er Ansprüche gegen Vertragsverletzungen zugunsten seines Mandanten durchsetzen kann, wenn die Vertragsverletzung nicht auf Organe der Gemeinschaft, sondern auf nationale Stellen zurückzuführen ist. Probleme ergeben sich hierbei aus der Systematik des gemeinschaftsrechtlichen Rechtsschutzes, der nur über wenige Individualrechtsschutzmöglichkeiten verfügt.

Bei der Vertretung eines Mandanten in einem gemeinschaftsrechtlichen Fall ist dabei zudem zu berücksichtigen, daß der Kenntnisstand der Behörden und zum Teil auch der Gerichte auf gemeinschaftsrechtlichem Gebiet oft völlig unzureichend ist. Dies liegt auch daran, daß erst in jüngster Zeit das Europarecht zu den ausbildungsrelevanten Gebieten im Rahmen des Studiums gehört. Deshalb können Kenntnisse auf europarechtlichem Gebiet nicht immer unterstellt werden. Ob die zuständigen Behörden und Gerichte daher in der Lage sind, einen EG-rechtlichen Sachverhalt als solchen zu erkennen, sollte daher grundsätzlich in Zweifel gezogen werden. Im Verfahren muß der Anwalt daher größte Sorgfalt darauf verwenden, die EG-rechtlichen Grundlagen deutlich zu machen, um so auf die Relevanz des Gemeinschaftsrechts für die entsprechende Entscheidung hinzuweisen. Der Anwalt muß dies vor allem auch deshalb berücksichtigen, weil das Rechtsschutzsystem des Gemeinschaftsrechts auf dem *nationalen Rechtsschutzsystem* aufbaut. Er wird daher in den seltensten Fällen unmittelbar Gemeinschaftsorgane mit der Verletzung des Gemeinschaftsrechts konfrontieren können, die sich zu Lasten seines Mandanten ausgewirkt haben. Vielmehr muß er alle nationalen Rechtsmittel ausschöpfen und ggf. parallel die europäischen Organe mit dem Fall befassen.

B. Das Rechtsschutzsystem der Gemeinschaft

I. Überblick

Das Rechtsschutzsystem der Gemeinschaft selbst ist unvollständig ausgebildet. Der *Europäische Gerichtshof* (EuGH) und das *Gericht Erster Instanz* in Luxemburg sind gem. Art. 164 EWGV dazu berufen, die Wahrung des Rechts bei der Anwendung und Auslegung des EWG-Vertrages zu sichern. Damit ist keine Allzuständigkeit der europäischen Gerichtsbarkeit begründet worden. Die *Zuständigkeiten* des Gerichtshofes sind in den Verträgen abschließend aufgezählt (vgl. auch Art. 183 EWGV), es gilt das *Enumerationsprinzip* ähnlich wie bei den Zuständigkeiten des Bundesverfassungsgerichts. Dabei kommt der europäischen Gerichtsbarkeit im wesentlichen die Aufgabe zu, die Einhaltung des Gemeinschaftsrechts sowohl zwischen den Organen der Gemeinschaft, zwischen den Mitgliedstaaten und den Organen sowie unter den Mitgliedstaaten untereinander zu überwachen als auch objektiv die Einhaltung des Gemeinschaftsrechts zu gewährleisten. Der *Individualrechtsschutz* gegen Akte der Gemeinschaft einerseits und gegen Verletzungen des Gemeinschaftsrechts durch nationale Stellen zu Lasten der Gemeinschaftsbürger andererseits ist dagegn nur rudimentär ausgebildet. Vor allem im letzten Fall beruht der Rechtsschutz auf einer Verzahnung nationalen Rechtsschutzes und gemeinschaftlichen Rechtsschutzes.

II. Zuständigkeit des Europäischen Gerichtshofs

Der Gerichtshof ist für verfassungsrechtliche, verwaltungsrechtliche, sonstige und Rechtsmittelverfahren zuständig (vgl. Schweitzer/Hummer, Europarecht, 94 f.; Pieper/Schollmeier, Europarecht – Ein Casebook, 1991, S. 16 ff.).

Als „Verfassungsgericht" wird der EuGH in solchen Streitigkeiten tätig, in denen es um Rechte und Pflichten zwischen den Mitgliedstaaten, Gemeinschaftsorganen und Mitgliedstaaten und den Gemeinschaftsorganen untereinander geht. Zu nennen sind hier vor allem das *Vertragsverletzungsverfahren* (Art. 169, 170 EWGV) und die *Nichtigkeits- und Untätigkeitsklage* (Art. 173 Abs. 1, 175 Abs. 1 EWGV). Hierher gehört auch – zieht man eine Parallele zur konkreten Normenkontrolle des Art. 100 GG – *das Vorabentscheidungsverfahren* (Art. 177 EWGV).

Verwaltungsrechtlicher Natur sind *Verfahren zwischen Individualrechtsträgern und Gemeinschaftsorganen*. Zum einen handelt es sich um Klagen von natürlichen und juristischen Personen gegen Entscheidungen der Gemeinschaft (Art. 173 Abs. 2 EWGV, Nichtigkeitsklage; Art. 175 Abs. 2, Untätigkeitsklage; Art. 172, Klage gegen Zwangsmaßnahmen der Gemeinschaft), zum anderen um Streitigkeiten der Gemeinschaft und ihrer Bediensteten (Art. 179 EWGV).

Sonstige Verfahren vor dem Gerichtshof sind das für *Amtshaftung* gem. Art. 178 i. V. m. Art. 215 EWGV und die Verfahren nach Art. 181 aufgrund einer Schiedsklausel oder die Erstattung von Gutachten gem. Art. 228 EWGV (zu den weiteren Zuständigkeiten vgl. Schweitzer/Hummer, a. a. O., 138). Mit der Einführung eines Gerichts Erster Instanz ist der Gerichtshof zudem gem. Art. 168 a Abs. 1 EWGV *Rechtsmittelinstanz.*

III. Zuständigkeiten des Gerichts Erster Instanz

Die Bestimmungen über den Gerichtshof Erster Instanz (vgl. hierzu Müller-Huschke, Verbesserungen des Individualrechtsschutzes durch das neue Europäische Gericht Erster Instanz, EuGRZ 1989, 213; Rabe, Das Gericht Erster Instanz der Europäischen Gemeinschaften, NJW 1989, 3041) finden sich im wesentlichen im Beschluß des Rates v. 24. 10. 1988 (vgl. 88/591/EGKS, EWG, Euratom ABl. EG Nr. L 391 v. 25. 11. 1988, S. 1) und in den darin vorgesehenen Zuständigkeiten und Änderungen bzw. Ergänzungen der Satzungen des Gerichtshofes: Insbesondere sind durch die Art. 5, 7 und 9 des Ratsbeschlusses zusätzliche Bestimmungen in die Satzungen des Gerichtshofes aufgenommen worden, die sich mit Rechtsstellung und Organisation, dem Verfahren und dem Rechtsmittelverfahren beschäftigen.

Das Gericht ist für bestimmte Gruppen von Klagen natürlicher oder juristischer Personen erstinstanzlich zuständig. Es handelt sich um die Klagen der Bediensteten der Gemeinschaft, ausgewählte Klagen von Unternehmen und Verbänden im Bereich des EGKSV und Wettbewerbsstreitigkeiten natürlicher und juristischer Personen im Anwendungsbereich des EWGV sowie Schadensersatzklagen, die im Zusammenhang mit den genannten Zuständigkeiten stehen. Gemeinsam ist diesen Rechtssachen, daß ihnen komplexe Sachverhalte zugrunde liegen, die aufwendige Tatsachenfeststellungen notwendig machen. *Dumping- und Subventionsfälle* (Art. 113 EWGV, 73 EGKSV) verbleiben dagegen beim EuGH.

IV. Nationaler Rechtsschutz gegen Gemeinschaftsrechtsverstöße

In den wenigsten Fällen wird das Gemeinschaftsrecht selbst durch die Organe der Europäischen Gemeinschaft vollzogen (vgl. hierzu Teil 8 A). Anwendung und Vollzug des Gemeinschaftsrechts obliegt daher zunächst den nationalen Behörden bzw. Gerichten. Da die nationalen Behörden und Gerichte das Gemeinschaftsrecht zu vollziehen bzw. zu beachten haben, muß in solchen Fällen zunächst auch der nationale Rechtsschutz aktualisiert werden. So muß bei Verstößen gegen das Gemeinschaftsrecht durch die Behörden das verwaltungsgerichtliche Verfahren durchlaufen werden, d. h. gegebenenfalls das Widerspruchsverfahren und dann die entsprechende Klageart von den Verwaltungsgerichten gesucht werden. Für die prozessualen Voraussetzungen gelten hier gegenüber dem nationalen Recht keine Besonderheiten, es kommt vielmehr lediglich darauf an, die gemeinschaftsrechtliche Relevanz des Sachverhalts deutlich zu machen.

V. Gemeinschaftsrechtlicher Individualrechtsschutz

1. Individualrechtsschutz gegen Handlungen der Gemeinschaft

Individualrechtsschutz gegen Akte der Gemeinschaft besteht im wesentlichen in Form der Nichtigkeitsklage (vgl. Daig, Nichtigkeits- und Untätigkeitsklagen im Recht der Europäischen Gemeinschaften, 1985; Bleckmann, Zum Ermessensmißbrauch im europäischen Gemeinschaftsrecht, FS für Kutscher, 1981, 25), der Untätigkeitsklage und der Schadensersatzklage.

a) Nichtigkeitsklage

Gem. Art. 173, 174 EWGV richtet sie sich gegen das Handeln des Rats und der Kommission mit Ausnahme von Empfehlungen oder Stellungnahmen, also nur gegen die verbindlichen Rechtsakte des Art. 189 EWGV: Verordnung, Richtlinie und Entscheidung.

Für den Erfolg des Verfahrens sind folgende *Zulässigkeitsvoraussetzungen* erforderlich: Kläger können neben den Mitgliedstaaten, dem Rat, der Kommission natürliche und juristische Personen (Art. 173 Abs. 2 EWGV) sein. Als Klagegegner nennt Art. 173 EWGV Rat und Kommission. Anerkannt ist über den Wortlaut hinaus auch die Beteiligtenfähigkeit des Europäischen Parlaments. Klagegegenstand kann jeder Akt sein, der seinem Wesen nach verbindliche Rechtswirkungen erzeugt (vgl. Wenig, Art. 173 Rdnr. 12 ff. in: Grabitz, Kommentar zum EWG-Vertrag). Dabei kommt es nicht darauf an, ob es sich um einen Rechtsakt handelt, der in Art. 189 EWGV genannt ist. Die Klagefrist beträgt zwei Monate. Fristbeginn ist der Zeitpunkt, an dem die betreffende Handlung bekanntgegeben worden ist bzw. der Kläger von ihr erfahren hat (Art. 173 Abs. 3 EWGV).

Klagen von juristischen oder natürlichen Personen sind nur gegen Akte zulässig, die sich an den Kläger richten oder ihn unmittelbar und individuell (vgl. zu diesen Begriffen Daig, a.a.O. Ziff. 130 ff.) betreffen (Art. 173 Abs. 2 EWGV), also im Grunde um das Merkmal der Klagebefugnis, ähnlich dem des deutschen Prozeßrechts. Der Gerichtshof wendet aber die französischen Voraussetzungen der Klagebefugnis an, die nicht nur eine Verletzung von Rechten, sondern schon die von tatsächlichen Interessen ausreichen läßt, wobei er den Begriff tatsächlicher Interessen aber sehr eng auslegt (Bleckmann, Europarecht, 5. Aufl. 1990, Rdnr. 588 ff.).

Die Klage ist begründet, wenn das beanstandete Handeln tatsächlich nicht rechtmäßig war. Art. 173 Abs. 1 S. 2 EWGV nennt *vier Klagegründe,* die zur Rechtswidrigkeit des Organhandels führen:

• Unzuständigkeit,

• Verletzung wesentlicher Formvorschriften,

- Verletzung des Vertrages oder einer bei seiner Durchführung anzuwendenden Rechtsnorm und

- Ermessensmißbrauch.

Der Wortlaut scheint abschließend zu sein, doch gibt es tatsächlich keinen Unterschied zum deutschen Begriff der Rechtswidrigkeit gem. § 113 VwGO, da alle Klagegründe weit gefaßt werden und die Aufspaltung der Klagegründe eher historische Gründe hat (vgl. Bleckmann, a. a. O. Rdnr. 546 ff.; Daig, a. a. O. Ziff. 152 ff.).

Gem. Art. 173 Abs. 1 S. 2 EWGV ist der erste Klagegrund die *Unzuständigkeit*. Unter „Zuständigkeit" ist die Befugnis des handelnden Organs zu verstehen, den fraglichen Gemeinschaftsakt zu erlassen. Diese Befugnis ergibt sich aus den jeweiligen Vertragsbestimmungen. Die Verletzung wesentlicher Formvorschriften ist zunächst dann zu bejahen, wenn Vorschriften verletzt sind, die sich auf das Zustandekommen des Gemeinschaftsakts beziehen (Verfahrensregelungen). Mit „*Formvorschriften*" sind weiter die Regelungen gemeint, die sich mit der Form des Verwaltungsakts im engeren Sinn befassen. Eine Formvorschrift ist dann „wesentlich", wenn ihre Verletzung den Inhalt des Akts beeinflußt haben könnte. Die Klage kann ferner gestützt werden auf die „Verletzung dieses Vertrags- oder einer bei seiner Durchführung anzuwendenden Rechtsnorm" (vgl. dazu insgesamt Bleckmann, a. a. O. Rdnr. 545 ff.). Als letzten Klagegrund nennt Art. 173 Abs. 1 S. 2 EWGV „Ermessensmißbrauch". Ein solcher Mißbrauch ist anzunehmen, wenn der Autor des Rechtsakts wegen eines schwerwiegenden Mangels Ziele verfolgt hat, zu deren Verfolgung er keine Befugnis besaß (vgl. Beutler/Bieber/Pipkorn/Streil, a. a. O., 7.4.2.3.). Ist die Klage begründet, erklärt der Gerichtshof die angefochtene Handlung grundsätzlich für nichtig. Das Urteil wirkt ex tunc und erga omnes. Auch eine Erklärung dahin, daß nur ein Teil der Handlung nichtig ist, ist gem. Art. 174 EWGV möglich, da der EuGH die Wirkungen bezeichnen kann, die als fortgeltend zu betrachten sind.

b) Untätigkeitsklage

Art. 175 EWGV räumt die Möglichkeit ein, ein Nichthandeln von Rat oder Kommission, das den Vertrag verletzt, mit einer Untätigkeitsklage anzugehen. Dabei zielt die Klage auf Feststellung durch den Gerichtshof, daß ein Unterlassen des Gemeinschaftsorgans gegen das Gemeinschaftsrecht verstößt. Auch hier besteht neben den Klagen der Mitgliedstaaten und der Gemeinschaftsorgane nach Abs. 1 und 2 ein Individualklagerecht nach Abs. 3 des Art. 175 EWGV.

Zu den *Zulässigkeitsvoraussetzungen* gehören die Klagebefugnis, der Klagegegenstand, das Vorverfahren und die Einhaltung der Frist. Klagebefugt sind die Mitgliedstaaten, alle Organe sowie juristische und natürliche Personen. Klagegegenstand ist das Unterlassen eines Beschlusses. Damit sind alle Akte gemeint, die rechtliche Wirkung (nicht notwendigerweise Bindungswirkung) entfalten, so daß das die Untätigkeit feststellende Urteil vollzogen werden kann. Dies gilt aber nicht für Art. 175 Abs. 3 EWGV, in diesem Fall muß es sich um Beschlüsse mit Bindungswirkung wie Verordnung, Richtlinie und Empfehlung handeln.

Im Vorverfahren muß das betreffende Organ, das den Beschluß erlassen soll, vorher zum Tätigwerden aufgefordert worden sein (Art. 175 Abs. 2 S. 1 EWGV). Diese Aufforderung muß den gewünschten positiven Beschluß und die Gründe nennen, die zum Handeln verpflichten. Für den Fall, daß das Organ den Beschluß nicht erlassen will, muß die Klage vor dem EuGH in Aussicht gestellt werden. An eine Frist ist die Aufforderung nicht gebunden. Wenn das Organ zwei Monate nach der Aufforderung nicht Stellung genommen hat, kann die Klage innerhalb einer Frist von weiteren zwei Monaten erhoben werden (Art. 175 Abs. 2 S. 2 EWGV).

Die Klage ist begründet, wenn Rat oder Kommission tatsächlich unter Verstoß gegen den Vertrag eine Beschlußfassung unterlassen haben. Der Verstoß gegen den Vertrag umfaßt dabei die Verletzung jeder Norm des EG-Rechts. Auch insoweit besteht also eine Parallele zu Art. 173 EWGV. Als letzte Begründetheitsvoraussetzung wird gefordert, daß das betroffene Organ EG-rechtlich verpflichtet ist, den vom Kläger gewünschten Akt zu erlassen.

Wenn die Klage begründet ist, wird festgestellt, daß die *Untätigkeit* zum *Entscheidungszeitpunkt* rechtswidrig ist. Es ergeht also keine Verurteilung zum Erlaß des unterlassenen Beschlusses, da sich die Rechtswirkungen der Verurteilung aus Art. 176 EWGV ergeben.

c) Schadensersatzklage

Gem. Art. 178 EWGV besteht eine ausschließliche (EuGH, Rs. 101/78 –
Slg. 1979, 623: Nationale Gerichte sind von einer Entscheidung hierüber
ausgeschlossen) Zuständigkeit des EuGH für Schadensersatzklagen wegen
außervertraglicher Haftung der EG gem. Art. 215 Abs. 2 EWGV.

Die *Zulässigkeit* der Klage setzt voraus, daß der Kläger einen ihm von
einem Organ oder Bediensteten der Gemeinschaft in Ausübung ihrer
Amtstätigkeit verursachten Schaden substantiiert geltend macht (Beutler/
Bieber/Pipkorn/Streil, a. a. O., 7.4.3.2.). Die Klage ist gegen das Organ
zu richten, das den Rechtsakt erlassen hat bzw. dem der Bedienstete
angehört. Der EuGH hat auch Schadensersatz wegen normativen
Unrechts anerkannt (EuGH, Rs. 5/71, – Slg. 1971, 975; vgl. Herdegen,
Die Haftung der Europäischen Wirtschaftsgemeinschaft für fehlerhafte
Rechtsetzungsakte, 1983), so daß der Kläger auch geltend machen kann,
durch einen fehlerhaften Rechtsakt geschädigt worden zu sein.

Die Klage ist begründet, wenn die den Organen oder ihren Bediensteten vorgeworfene Handlung rechtswidrig ist und außerdem ein Kausalzusammenhang zwischen der Handlung und dem eingetretenen Schaden
besteht. Prüfungsmaßstab sind dabei gem. Art. 215 Abs. 2 EWGV die
den Rechtsordnungen der Mitgliedstaaten gemeinsamen allgemeinen
Rechtsgrundsätze. Zu den allgemeinen Rechtsgrundsätzen gehört auch
die Haftung für normatives Unrecht.

2. Individualrechtsschutz gegen Gemeinschaftsrechtsverletzungen nationaler Stellen

Eine Möglichkeit zur Anrufung des EuGH in den Fällen einer Verletzung des Gemeinschaftsrechts durch nationale Behörden oder Stellen
besteht nicht. Dieser Mangel an Individualrechtsschutz verwundert, be-
denkt man, daß das Gemeinschaftsrecht von Anfang an Individualrechts-
positionen für den Marktbürger statuiert hat. Auch durch den Vertrag
von Maastricht ist an dieser *Rechtschutzlücke* im Bereich des Individualrechtsschutzes nichts geändert worden, so daß die individuelle Durchsetz-
barkeit von gemeinschaftsrechtlichen Rechtspositionen gegenüber den
Mitgliedstaaten und ihren Stellen nur mangelhaft ausgebildet ist.

Eine Möglichkeit, nationale Gemeinschaftsrechtsverletzungen durch ein Individuum zu rügen, besteht nur im Rahmen der indirekten Klageart des Vorabentscheidungsverfahrens gemäß Art. 177 EWGV (vgl. hierzu Teil 4 C II). Die Regelung stellt die Klammer zwischen dem nationalen Rechtsschutzverfahren und dem Auslegungsmonopol des EuGH für Fragen des Gemeinschaftsrechts dar. Sie ist vergleichbar mit der Möglichkeit zur konkreten Normenkontrolle durch die Gerichte gemäß Art. 100 GG vor dem Bundesverfassungsgericht. Die Möglichkeit zur Überprüfung eines EG-rechtlich relevanten Sachverhalts durch eine Vorabentscheidung durch den Europäischen Gerichtshof kann allerdings von den Individuen im nationalen Prozeß nicht verpflichtend verlangt werden, sondern lediglich angeregt werden. Hierzu ist es insbesondere notwendig, in den Schriftsätzen auf die europarechtliche Relevanz hinzuweisen. In Anbetracht der nur geringen Kenntnisse des Europäischen Gemeinschaftsrechts ist dies auch in Verfahren vor den Gerichten notwendig, die grundsätzlich zur Amtsermittlung verpflichtet sind. Die europarechtlich bestehende *Vorlageberechtigung* aller Gerichte und die bestehende *Vorlagepflicht* des letztinstanzlichen Gerichts hat das Bundesverfassungsgericht dadurch verfassungsrechtlich abgesichert, indem es den EuGH als gesetzlichen Richter im Sinne des Art. 101 Abs. 2 S. 2 GG anerkannt hat. Praktisch ist diese verfahrensrechtliche Möglichkeit einer Verfassungsbeschwerde unter Berufung auf die Verletzung des gesetzlichen Richters durch Nichtvorlage an den EuGH nur selten Erfolg beschieden sein, da nach der Rechtsprechung des Bundesverfassungsgerichts eine Verletzung des Gebots nur bei einer willkürlichen Entziehung vorliegt, die Willkür aber nur in seltensten Fällen gegeben sein wird (vgl. BVerfGE 73, 339).

C. Außergerichtlicher Rechtsschutz

I. Beschwerdeverfahren

1. Bedeutung

Neben dem Vorabentscheidungsverfahren vor dem EuGH gibt es keine weitere Möglichkeit einer gerichtlichen Geltendmachung der Verletzung Europäischen Gemeinschaftsrechts durch nationale Stellen. Allerdings ist die Kommission der Europäischen Gemeinschaften gemäß Art. 155 EWGV die „Hüterin der Verträge". Sie ist befugt, gemäß Art. 169 EWGV den EuGH anzurufen, sofern ein Mitgliedstaat das Gemeinschaftsrecht verletzt. Um ein solches Verfahren in Gang zu bringen, ist die Kommission der EG durchaus auf Mithilfe der Bürger und Individuen in den einzelnen Mitgliedstaaten angewiesen. Ihnen steht aber die Möglichkeit offen, eine formlose Beschwerde (vgl. hierzu Thömmes, ZAP Fach 25, S. 19 ff.; Korn, Binnenmarkt 1992, S. 17 f.) an die EG-Kommission zu richten. Die Kommission wird dann, sofern sie die Beschwerde für begründet hält, das Vertragsverletzungsverfahren gegen den Mitgliedstaat anstrengen. Allerdings ist hierbei zu berücksichtigen, daß in diesem Verfahren gemäß Art. 169 f. EWGV lediglich vom EuGH festgestellt wird, daß die angegriffene nationale Bestimmung oder Handlung gegen das Gemeinschaftsrecht verstößt. Eine unmittelbare Wirkung entfaltet das Urteil aber nicht für den Fall, der der formlosen Beschwerde an die Kommission zugrunde gelegen hat. Wegen dieser fehlenden Wirkung für den der Beschwerde zugrundeliegenden Einzelfall sollte die Beschwerde an die Kommission nicht als einziges Mittel gewählt werden, sondern parallel zu den national eingelegten Rechtsbehelfen angewandt werden.

Ihre Aufgabe, gemäß Art. 155 EWGV die Einhaltung der Gemeinschaftsverträge zu kontrollieren, kann die EG-Kommission aufgrund der mangelnden personellen Kapazitäten nur unzureichend nachkommen. Sie ist deshalb nicht in der Lage, alle relevanten EG-Rechtsverstöße von Amts wegen aufzugreifen. Deshalb kommt der Beschwerde von Individuen zunehmend Bedeutung zu. Die Zahlen sahen in den vergangenen Jahren wie folgt aus:

1988	1137 Beschwerden
1989	1159 Beschwerden
1990	1252 Beschwerden
1991	1052 Beschwerden
1992	(liegt noch nicht vor)

2. Form

Für das Beschwerdeverfahren sind keine besonderen Formen vorgeschrieben. Die schriftliche Eingabe sollte allerdings mit dem Begriff „Beschwerde" betitelt sein. Zudem sollten der Beschwerde alle zweckdienlichen Unterlagen und Beweisstücke beigefügt werden. Auch sollte auf die nach nationalem Recht erhobenen Rechtsmittel hingewiesen werden. Die EG-Kommission hat für Beschwerden ein *Formblatt* entwickelt, mit dem die Nichteinhaltung der Rechtsvorschriften der Gemeinschaften bei der Kommission gerügt werden kann (ABl. EG C Nr. 26 v. 1. 2. 1989, S. 6 f.). Eine Verwendung des Formblattes ist allerdings nicht vorgeschrieben.

Das *Beschwerdeschreiben* ist zu richten an:

> Kommission der Europäischen Gemeinschaften
> Generalsekretariat
> Rue de la Loi 200
> B-1049 Brüssel

Sie kann auch an die Ständigen Vertretungen der Gemeinschaft gerichtet werden, die sie nach Brüssel weiterleiten. Die Übersendung einer Beschwerde an die für die zuständig gehaltene Generaldirektion verzögert das Verfahren, da diese das Beschwerdeschreiben erst an das Generalsekretariat weiterleitet, wo es registriert wird.

Da es sich bei der Beschwerde an die Kommission der EG um eine formlose Beschwerde handelt, gibt es nur wenige Regeln für die Zulassungsvoraussetzungen einer solchen Beschwerde.

3. Beschwerdeberechtigung

Beschwerdeberechtigt ist jede natürliche und juristische Person unabhängig von der Staatsangehörigkeit des Beschwerdeführers. Eine unmittelbare Verletzung eigener Rechte, also eine Beschwerdebefugnis im Sinne des deutschen Verwaltungsverfahrens, ist nicht erforderlich. Es steht somit jedem Bürger offen, auch solche Verstöße gegen das Gemeinschaftsrecht der Kommission mitzuteilen und im Wege dieses Beschwerdeverfahrens zu rügen, die ihn nicht selbst betreffen.

4. Beschwerdegegner

Beschwerdegegner ist der jeweilige Mitgliedstaat, dessen Organe, Behörden, Gerichte oder öffentliche Unternehmen eine Verletzung des Gemeinschaftsrechts zur Last gelegt wird. Verletzungen des Gemeinschaftsrechts durch Private sind zwar grundsätzlich als Beschwerdegegenstand ausgeschlossen, wenn den jeweiligen Mitgliedstaaten die Verletzung des Gemeinschaftsrechts durch Private zuzurechnen ist. Dies kann der Fall sein, wenn der Mitgliedstaat seiner Aufsichtspflicht beispielsweise nicht nachgekommen ist. Beschwerdegegenstand muß eine Verletzung des Gemeinschaftsrechts durch einen betreffenden Mitgliedstaat sein. Dabei muß es sich nicht unbedingt um den Mitgliedstaat handeln, dessen Staatsangehörigkeit der Beschwerdeführende hat. Auch gegen einen anderen Mitgliedstaat kann eine Beschwerde erhoben werden, z. B. im Fall der Verletzung von Freizügigkeitsrechten gemäß Art. 30, 48, 52 oder 59 EWGV. Die geltend gemachte Verletzung kann sowohl in einem positiven Tun, z. B. dem Erlaß oder dem Aufrechterhalten einer gemeinschaftsrechtswidrigen innerstaatlichen Norm bestehen, aber auch in einem Unterlassen, wie etwa der nicht fristgerechten Umsetzung von Richtlinien in nationales Recht.

5. Kosten

Das Beschwerdeverfahren seitens der Kommission ist kostenfrei. Sofern der Beschwerdeführer einen Rechtsbeistand mit der Einlegung der Beschwerde beauftragt, muß er die hierfür anfallenden Kosten selbst tragen. Auch für den Fall, daß seine Beschwerde Erfolg hat, hat er keinen Anspruch gegen die Kommission oder den betreffenden Mitgliedstaat auf Kostenerstattung.

6. Gang des Verfahrens

Mit dem Eingang der Beschwerde beginnt ein spezifischer Verfahrensablauf. Das Generalsekretariat der Kommission versieht die Beschwerde mit einem Aktenzeichen, das aus einer zweistelligen Jahrgangsbezeichnung und einer laufenden Numerierung besteht. Das Generalsekretariat bestimmt dann die federführende Dienststelle, die dem Beschwerdeführer eine Empfangsbestätigung zusendet. Obligatorisch am Verfahren beteiligt ist der juristische Dienst der Kommission. Da ein Verfahren einen gewissen Aufklärungsbedarf hat, ist mit einem längeren Verfahrenszeitraum zu rechnen. Die Kommission wird in der Regel auch ein Auskunftsersuchen an den betroffenen Mitgliedstaat richten. Im Laufe des Verfahrens wird die Beschwerde und der Sachstand des Verfahrens zweimal jährlich auf entsprechenden Sitzungen der Kommission geprüft.

Nach Ablauf eines Jahres wird die Kommission anhand der ihr vorliegenden Fakten dann entscheiden, ob eine Verletzung der EG-Normen vorliegt, und über die Einleitung eines Verfahrens gemäß Art. 169 EWGV
entscheiden. Der weitere Fortlauf richtet sich dann nach den Vorschriften
des Art. 169 f. EWGV (vgl. hierzu Thömmes, ZAP Fach 25 S. 9 ff.).
Sollte ein Verfahren eingeleitet werden, ist damit zu rechnen, daß das
gesamte Beschwerdeverfahren bis zur Einlegung einer Klage vor dem
Gerichtshof ca. zwei Jahre dauert.

Der Beschwerdeführer gibt lediglich den Anstoß zu einem Verfahren
gemäß Art. 169 EWGV durch die Kommission. Er selbst ist aber nicht
Verfahrensbeteiligter im formellen Sinn. Zwar wird der Beschwerdeführer über den Verlauf des Verfahrens unterrichtet. Über die Entscheidung
über einen Fristsetzungsschreiben gemäß Art. 169 EWGV wird er allerdings nicht informiert. Er hat auch im weiteren kein Recht auf *Aktenein-
sicht*. Die Allgemeinheit wird durch kurze Berichte über den Verfahrens-
stand im Bulletin der Europäischen Gemeinschaft informiert. Ein weiterer
Informationsanspruch Dritter besteht nicht.

7. Erfolgsaussichten

Erfolgsaussichten eines Beschwerdeverfahrens sind erheblich. In der Vergangenheit hat die Kommission mehrfach die Hälfte der in einem Jahr
eingelegten Beschwerden zum Anlaß genommen, ein sogenanntes *Fristsetzungsschreiben* an die betreffenden Mitgliedstaaten gemäß Art. 169
EWGV zu richten. In diesen Fällen hielt sie somit die Beschwerde für
begründet und forderte den Mitgliedstaat zur Abhilfe auf. Schon im Verfahren gemäß Art. 169 EWGV, dem somit eine große Bedeutung
zukommt, werden die Mitgliedstaaten in der ganz überwiegenden Zahl
der Fälle in diesem frühen Verfahrensstadium für Abhilfe sorgen.

II. Petition

Eine weitere Möglichkeit, gemeinschaftsrelevante Fragen und Verletzungen des Gemeinschaftsrechts überprüfen zu lassen, ist die Möglichkeit der
Einlegung einer Petition beim Europäischen Parlament. Das Petitions-
recht findet seine rechtliche Grundlage im Art. 108 der Geschäftsordnung
des Europäischen Parlaments vom 26. 3. 1981. Mit Inkrafttreten des Ver-

trages von Maastricht findet sich die Rechtsgrundlage darüber hinaus in der Institutionalisierung eines Petitionsausschusses im Primärrecht der Gemeinschaft gemäß Art. 138 d EG-Vertrag. Die Petition ist zunächst nur Bürgern der Europäischen Gemeinschaft vorbehalten, d. h. anders als die Beschwerde an die Kommission der Europäischen Gemeinschaft muß der Petitionsführer Staatsangehöriger eines Mitgliedstaats der Europäischen Gemeinschaft sein. Petitionen können in allen Fällen, in denen Mißstände, Unbilligkeit und auch bloße Fragen an das Parlament gerichtet werden. *Formelle Voraussetzungen* bestehen lediglich gemäß Art. 108 Abs. 2 der Geschäftsordnung des Europäischen Parlaments, nach dem die Angabe von Name, Beruf, Staatsangehörigkeit und Wohnsitz des Unterzeichners angegeben werden muß. Die Petition muß schriftlich abgefaßt und unterschrieben werden. Sie ist an den

> Petitionsausschuß des Europäischen Parlaments
> Rue Belliard 97–113
> B-1040 Brüssel

zu richten. Die Petitionen werden in der Reihenfolge ihres zeitlichen Eingangs in ein Register eingetragen und vom Präsidenten des Europäischen Parlaments an den *Petitionsausschuß* weiter überwiesen. Der Petitionsausschuß überprüft dann vorab, ob die jeweilige Petition den Tätigkeitsbereich der Europäischen Gemeinschaft betrifft. Wird eine Petition wegen *Formmangels* zurückgewiesen, besteht dem Petenten jederzeit die Möglichkeit, in der gleichen Sache eine weitere formwirksame Petition einzulegen. Eine formwirksame und zulässige Petition wird dann einer eingehenden Prüfung unterzogen. In deren Verlauf ist der Petitionsausschuß befugt, Anhörungen durchzuführen, Mitglieder des Ausschusses zur Tatsachenfeststellung an Ort und Stelle zu entsenden, Stellungnahmen und Tatsachenfeststellungen von Seiten der Kommissionsdienststellen einzuholen. Das Ergebnis seiner Untersuchungen und Beratungen wird in halbjährlichen Berichten festgehalten.

Petitionen kommt keine unmittelbare rechtliche Bindungswirkung hinsichtlich der angefochtenen Maßnahmen oder sonstigen Petitionsgegenständen zu. Die mittelbare Wirkung von Petitionen sollte aber nicht unterschätzt werden. Sie führen zu einer breiteren Öffentlichkeit und darüber hinaus zu Untersuchungen, in denen die gerügten Mißstände auch an die Kommission weitergeleitet werden. Zum Teil hat die Kommission Petitionen zum Anlaß genommen, ein Verfahren gemäß Art. 169 EWGV einzuleiten.

III. Anfragen von Abgeordneten im Europäischen Parlament

Für den Marktbürger besteht auch die Möglichkeit, sich an seinen jeweiligen *Europaabgeordneten* zu wenden. Die Abgeordneten haben die Befugnis, entweder im Rahmen der Sitzung des Europäischen Parlaments mündliche Anfragen an die Kommission zu richten oder sie als schriftliche Anfrage zu formulieren. Die schriftlichen Anfragen der Europaabgeordneten sowie die Antwort der Kommission werden im Amtsblatt der Europäischen Gemeinschaft veröffentlicht. Die Kommission der Europäischen Gemeinschaft kann durch solche Anfragen der Europaabgeordneten durchaus auf Mißstände oder Vertragsverletzungen durch die Mitgliedstaaten hingewiesen werden. Im Jahre 1991 hat die Kommission 125 Vertragsverletzungsverfahren eingeleitet, die mittelbar oder unmittelbar auf Anfragen von Parlamentsabgeordneten zurückgingen.

D. Wahl der richtigen Rechtsschutzmöglichkeit

Das Rechtsschutzsystem des Gemeinschaftsrechts ist in Bezug auf den Rechtsschutz des Individuums lediglich lückenhaft ausgeprägt. Gemeinschaftsrechtsverletzungen durch Mitgliedstaaten, die das Individuum benachteiligen, kann der Gemeinschaftsbürger nicht unmittelbar beim EuGH rügen. Er ist vielmehr, wie gezeigt, darauf angewiesen, daß ein nationales Gericht seine Frage im Wege des *Vorabentscheidungsverfahrens* gemäß Art. 177 EWGV dem EuGH zur Vorabentscheidung vorlegt. Eine *direkte Klagemöglichkeit* gibt es für ihn nicht.

Diese Lücke im Rechtsschutzsystem wird nur mäßig kompensiert durch die Möglichkeit, bei der EG-Kommission eine *informale Beschwerde* einzulegen, oder sich mit einer *Petition* an das Europäische Parlament zu wenden.

Die beschriebenen Möglichkeiten des Rechtsschutzes für den einzelnen sind unabhängig voneinander und schließen einander auch nicht aus. In der Praxis wird es sich allerdings nicht anbieten, das Beschwerdeverfahren und die Petition gleichzeitig einzulegen. Denn auch das Europäische Parlament holt zu einer Petition regelmäßig die Stellungnahme der Kommission ein, bevor es selbst Stellung nimmt. Damit hängt die Frage, welchen Weg man als Individuum einschlägt, vom Gegenstand der Gemeinschaftsrechtsverletzung ab. Handelt es sich um eine echte Verletzung des Gemeinschaftsrechts, ist die Beschwerde an die Kommission das richtige Mittel, um Abhilfe zu verschaffen. Daneben sollte selbstverständlich im nationalen Rechtsschutzverfahren versucht werden, das Gericht zu bewegen, die Frage an den EuGH vorzulegen. Handelt es sich dagegen eher um eine politische Frage, oder um einen Mißstand unterhalb der Schwelle zu einer Rechtsverletzung, sollte man sich an den Petitionsausschuß des Europäischen Parlaments wenden. Alle Verfahren haben keinen Einfluß auf den Lauf von *nationalen Rechtsmittelfristen.* Man sollte deshalb vermeiden, im Vertrauen auf den Erfolg der eingelegten Rechtsmittel auf europäischer Ebene auf nationale Rechtsmittel zu verzichten.

E. Schadensersatz für die Verletzung von Gemeinschaftsrecht durch Organe der Mitgliedstaaten

Schadensersatzklagen sieht das Gemeinschaftssystem gemäß Art. 215 EWGV nur für die Fälle vor, in denen es sich um einen Schaden handelt, den ein Einzelner durch die Tätigkeit der Gemeinschaft erleidet. Hierbei wird unterschieden zwischen der vertraglichen und außervertraglichen Haftung, also danach, ob es sich um fiskalisches Handeln der Gemeinschaft oder öffentlich-rechtliches Handeln handelt (vgl. hierzu Ossenbühl, Staatshaftungsrecht, 4. Aufl., 1991, 437 ff.; Grabitz, Kommentar zum EWGV Art. 215 Rdnr. 1 ff.). Das Gemeinschaftsrecht selber regelte nicht den Fall, daß ein Gemeinschaftsbürger einen Schaden dadurch erlitt, daß ein Mitgliedstaat eine Gemeinschaftsrechtsnorm verletzte. Insoweit waren die Gemeinschaftsbürger auf das *mitgliedstaatliche Staatshaftungsrecht* verwiesen. Problematisch war insoweit, daß z. B. das deutsche Staatshaftungsrecht eine Haftung für legislatives Unrecht nicht vorsieht. Eine solche Haftung wäre beispielsweise dann gegeben, wenn eine Richtlinie der Europäischen Gemeinschaft nicht, nicht vollständig oder nicht rechtzeitig umgesetzt wird und dem Gemeinschaftsbürger hierdurch ein Schaden entsteht. Einen solchen Fall hatte der EuGH Ende 1991 zu entscheiden (Urt. v. 19. 11. 1991, Rs. C-6/90 und C-9/90). Im Rahmen eines Vorabentscheidungsverfahrens hatte er sich mit der Frage auseinanderzusetzen, ob ein Mitgliedstaat den Schaden zu ersetzen hat, der einem Individuum dadurch entsteht, daß der Mitgliedstaat Italien kein Garantiesystem für die Lohnansprüche von Arbeitnehmern im Falle des Konkurses des Arbeitgebers eingerichtet hatte. Der EuGH hat hierzu ausgeführt, daß es zu einem Grundsatz des Gemeinschaftsrechts gehöre, daß dem Einzelnen ein solcher Schaden zu ersetzen ist, wenn er durch eine Tätigkeit des Mitgliedstaats entsteht (vgl. hierzu nur Bahlmann, DWiR 1992, 61; Fischer, EuZW 1992, 41; Hailbronner, JZ 1992, 284; Ossenbühl, DVBl. 1992, 993).

Bis heute ist noch ungeklärt, inwieweit sich diese Entwicklung auf das Staatshaftungsrecht der Mitgliedstaaten auswirkt. Während nämlich die Rechtsprechung zur unmittelbaren Anwendbarkeit von Richtlinien bisher immer den Primärrechtsschutz betraf, handelt es sich bei der hier vorliegenden Entscheidung um eine Frage des sekundärrechtlichen Schutzes auf Schadensersatz. Die Entscheidung des EuGH traf dabei nur die völlige Nichtumsetzung einer Richtlinie. Inwieweit die aufgestellten Grundsätze auch für eine verspätete oder fehlerhafte Umsetzung gelten, ist offen. Da der EuGH ausgesprochen hat, daß das nationale Staatshaftungsrecht den Ersatz von Schäden nicht „praktisch unmöglich machen dürfe", ist davon auszugehen, daß die grundsätzliche Haftung für legislatives Unrecht nach deutschem Recht für die Fälle nicht mehr aufrechtzuerhalten ist, in denen es sich um legislatives Unrecht im Zusammenhang mit der Umsetzung oder Beachtung Europäischen Gemeinschaftsrechts handelt. Die *Voraussetzungen,* nach denen Mitgliedstaaten für solche Schäden haften, hat der EuGH wie folgt festgesetzt:

(1) Das durch die Richtlinie vorgeschriebene Ziel muß Individualrecht des Einzelnen beinhalten.

(2) Der Inhalt dieser Rechte muß inhaltlich klar und eindeutig bestimmt werden können.

(3) Es muß ein Kausalzusammenhang zwischen dem Verstoß gegen die dem Staat auferlegte Verpflichtung und dem den Geschädigten entstandenen Schaden bestehen.

Diese Voraussetzungen reichen nach der Rechtsprechung des EuGH aus, um den einzelnen einen Anspruch auf Entschädigung zu geben, der unmittelbar im Gemeinschaftsrecht begründet ist. Zu beachten ist, daß das Urteil des EuGH keine über den Fall hinausgehenden *Rechtswirkungen* entfaltet. Zum gegenwärtigen Zeitpunkt läßt sich daher noch nicht voraussagen, ob der EuGH diese neue Rechtsprechung als ständige Rechtsprechung aufrechterhält. Allerdings scheint es derzeit nicht ausgeschlossen, unter Hinweis auf das Urteil des EuGH einen entsprechenden Schadensersatzanspruch gerichtlich geltend zu machen.

F. Checkliste für ein Verfahren vor dem Europäischen Gerichtshof und dem Gericht Erster Instanz

I. Rechtsgrundlagen für das geltende Verfahrensrecht

- Verträge zur Gründung der Europäischen Gemeinschaft *(abgedruckt in: Satorius II, Nr. 150);*

- Protokoll über die Satzung des Gerichtshofs *(abgedruckt in: Satorius II, Nr. 221, 222);*

- Verfahrensordnung und zusätzliche Verfahrensordnung des Gerichtshofes *(abgedruckt in: Satorius II, Nr. 250, 250 a);*

- Dienstanweisung für den Kanzler *(abgedruckt in: von der Groeben/Boeckh/Thiesing, Handbuch der Europäischen Wirtschaft (Loseblatt), I A 63/4);*

- Beschluß des Rates zur Errichtung eines Gerichts Erster Instanz der Europäischen Gemeinschaften *(abgedruckt in: Satorius II, Nr. 220 b);*

- Verfahrensordnung des Gerichts Erster Instanz der Europäischen Gemeinschaften *(abgedruckt in: von der Groeben/Boeckh/Thiesing, Handbuch der Europäischen Wirtschaft (Loseblatt), I A 63/6).*

II. Literaturhinweise zum Verfahren

1. Allgemeines

- Beutler/Bieber/Pipkorn/Streil, Die Europäische Gemeinschaft, 3. Aufl. 1987, S. 232 ff. (insbesondere S. 266 bis S. 268);
- Klinke, Der Gerichtshof der Europäischen Gemeinschaft – Aufbau und Arbeitsweise, 2. Aufl. 1993;
- Lenz/Erhardt, in: Lenz (Hrsg.) EG-Handbuch Recht im Binnemarkt, 1991, S. 106 bis 126.

2. Kommentierungen

a) EWG-Vertrag

- Grabitz, Kommentar zum EWGV, Loseblatt, Art. 164 ff.;
- von der Groeben/Boeckh/Thiesing, Kommentar zum EWGV, 4. Aufl. 1991, Bd. 3, Art. 164 bis 188 EWGV.

b) Satzung und Verfahrensordnungen

- Satzung: Wolf, Kommentierung der Satzung des Gerichtshofs der Europäischen Gemeinschaft, in: von der Groeben/Boeckh/Thiesing, Kommentar zum EWGV, 4. Aufl. 1991,. Bd. 3, nach Art. 188.
- Verfahrensordnung: Wolf, in: von der Groeben/Boeckh/Thiesing, Handbuch der Europäischen Wirtschaft (Loseblatt), I A 63/2.

3. Fallsammlungen (einschl. Darstellung der Gerichtsverfassung des EuGH)

- Hummer/Simma/Vedder/Emmert, Europarecht in Fällen, 1991;
- Pieper/Schollmeier, Europarecht – Ein Casebook, 1991.

III. Allgemeine Hinweise zum Verfahren

(vgl. Art. 17–43 der Satzung, Art. 37 ff. der EuGH-VerfO)

1. *Prozeßvertretung* (Art. 17 der Satzung)

a) *Anwälte*

Es herrscht *Anwaltszwang*. Ausgenommen davon sind Staaten und Organe der Gemeinschaft, die sich durch einen Bevollmächtigten vertreten lassen. Der Anwalt muß in einem Mitgliedstaat zugelassen sein. Ein *Nachweis der Zulassung* ist der Kanzlei vorzulegen (Art. 38 § 3 EuGH-VerfO).

b) *Sonstige Prozeßvertreter*

Auch *Hochschullehrer* können als Prozeßvertreter auftreten, sofern sie nach mitgliedstaatlichem Recht hierzu berechtigt sind (Art. 17 der Satzung). Bevollmächtigte Beistände und Anwälte genießen zum Zweck der ungehinderten Ausübung ihrer Tätigkeiten *Vorrechte und Befreiungen* (Art. 32, 33, 34 und 36 EuGH-VerfO).

2. *Sprachenregelung* (Art. 29 EuGH-VerfO)

Als Verfahrenssprache stehen dem Kläger dänisch, deutsch, englisch, französisch, griechisch, irisch, italienisch, niederländisch, portugiesisch, spanisch (Art. 29 § 1 EuGH-VerfO) zur Auswahl. Ausnahmen gelten nach der Regelung des Art. 29 § 2 Buchst. a)–c) EuGH-VerfO:

Bei Klagen gegenüber Mitgliedstaaten oder natürlichen oder juristischen Personen ist die bzw. eine *Amtssprache des Staates* Verfahrenssprache. Auf gemeinsamen bzw. einen Antrag einer der Parteien kann der Gerichtshof auch eine andere Verfahrenssprache zulassen. In den Verfahren gem. Art. 177 EWGV (Vorabentscheidungsverfahrens) ist die Sprache des den Gerichtshof anrufenden Gerichts Verfahrenssprache.

3. *Schriftsätze* (Art. 37 EuGH-VerfO)

Die *Urschrift des Schriftsatzes* ist vom Bevollmächtigten/Anwalt zu unterzeichnen (Art. 37 § 1 EuGH-VerfO). Einzureichen sind die Urschrift des Schriftsatzes nebst Anlagen sowie *fünf beglaubigte Abschriften* für den Gerichtshof und eine beglaubigte Abschrift für jede am Rechtsstreit beteiligte Partei (Art. 37 § 1 EuGH-VerfO). Die *Anzahl der Schriftsätze* beträgt grundsätzlich vier, und zwar Klage, Klagebeantwortung, Replik und Duplik (Art. 18 der Satzung, Art. 41 § 1 EuGH-VerfO). Die Einreichung von Schriftsätzen per *Telefax* hat der EuGH bisher nicht anerkannt.

IV. Das Verfahren

1. Klageschrift

Das schriftliche Verfahren (Art. 18 der Satzung) wird durch Einreichung der Klageschrift (Art. 18 der Satzung, Art. 38 EuGH-VerfO) eröffnet.

Notwendige Bestandteile der Klageschrift sind:

- Name und Wohnsitz des Klägers; Stellung des Unterzeichnenden,

- Bezeichnung des Beklagten,

- Bezeichnung des Streitgegenstandes und kurze Darstellung der Klagegründe,

- Anträge des Klägers,

- gegebenenfalls Bezeichnung der Beweismittel,

- Zustellungsanschrift am Ort des Gerichtssitzes und Benennung einer zur Entgegennahme von Zustellungen ermächtigten Person.

Gegebenenfalls sind der Klageschrift beizufügen:

- bei der Aufhebungsklage der Wortlaut des angegriffenen Akts,

- bei der Untätigkeitsklage ein Dokument über die bereits erfolgte Aufforderung,

- bei juristischen Personen des Privatrechts die Satzung und ein Nachweis, daß die Prozeßvollmacht von einem dazu Berechtigten ausgestellt ist,

- Nachweis über die Zulassung als Anwalt (Art. 38 § 3 EuGH-VerfO).

Bei *Formmängeln der Klageschrift* setzt der Kanzler dem Kläger eine angemessene Frist zur Behebung des Mangels bzw. zur Beibringung der fehlenden vorgeschriebenen Unterlagen (Art. 38 § 7 EuGH-VerfO).

2. Klagebeantwortung

Notwendige Bestandteile der Klagebeantwortung (Art. 40 § 1 EuGH-VerfO) sind:

- Name und Wohnsitz des Beklagten,
- tatsächliche und rechtliche Begründung,
- Anträge des Beklagten,
- gegebenenfalls Bezeichnung der Beweismittel,
- Zustellungschrift am Ort des Gerichtssitzes und Benennung einer zur Entgegennahme ermächtigten Person.

Der Klagebeantwortung sind gegebenenfalls beizufügen:

- Nachweis über die Zulassung als Anwalt (Art. 40 § 1 i.V. mit Art. 38 § 3 EuGH-VerfO),
- bei juristischen Personen des Privatrechts die Satzung und der Nachweis, daß die Prozeßvollmacht von einem dazu Berechtigten ausgestellt ist (Art. 40 § 1 i.V. mit Art. 38 § 5 EuGH-VerfO).

3. Replik und Duplik

Klage und Klagebeantwortung können durch eine Replik und eine Duplik ergänzt werden (Art. 41 § 1 EuGH-VerfO).

4. Neue Angriffs- und Verteidigungsmittel

Neue Angriffs- und Verteidigungsmittel können während des Verfahrens grundsätzlich nicht mehr vorgebracht werden, Ausnahme: sie werden auf rechtliche oder tatsächliche Gründe gestützt, die erst während des Verfahrens zutage getreten sind (Art. 42 § 2 EuGH-VerfO).

V. Beweisrecht

Es gelten weder *Beibringungsgrundsatz* noch *Amtsermittlungsgrundsatz* als ausschließliche Prozeßmaximen. Die Klagegründe (Art. 173 EWGV) sind vom Kläger vorzutragen. Der Gerichtshof kann von Amts wegen aufklären. Der Anwalt sollte daher auf die Vollständigkeit des Vorbringens und der Beweisangebote achten.

Beweismittel sind (Art. 45 § 2 EuGH-VerfO):

- Parteivernehmung,
- Urkunden und Einholung von Auskünften,
- Zeugenvernehmung,
- Sachverständigengutachten,
- Augenschein.

Beweismittel können auch in der Replik und der Duplik noch genannt werden. Die Verspätung ist zu begründen (Art. 42 § 1 EuGH-VerfO).

Die Parteien können das Protokoll über die Beweisaufnahme sowie etwaige Sachverständigengutachten in der Kanzlei einsehen und Abschriften erhalten (Art. 53 § 2 EuGH-VerfO).

VI. Mündliche Verhandlung

Die mündliche Verhandlung ist grundsätzlich *öffentlich* (Art. 28 der Satzung). Die Parteien können nur durch Bevollmächtigte, Beistände und Anwälte verhandeln (Art. 58 EuGH-VerfO).

Das mündliche Verfahren umfaßt im wesentlichen die Verlesung des Sitzungsberichts (Art. 18 der Satzung), Beweisaufnahmen, die Plädoyers der Parteien und den Schlußantrag des Generalanwalts.

In der Praxis wird regelmäßig nur festgestellt, daß der *Sitzungsbericht* zugestellt wurde. Der Sitzungsbericht ist die Grundlage für das Urteil. Deshalb sollte der Anwalt darauf achten, daß der Parteivortrag vollständig und richtig wiedergegeben ist. Die Redezeit für die Plädoyers ist beschränkt, der Gerichtshof achtet in der Regel strikt auf die Einhaltung. Richter und Generalanwälte sind befugt, in der Verhandlung Fragen zu stellen (Art. 57 EuGH-VerfO).

Die Parteien können das *Protokoll der mündlichen Verhandlung* in der Kanzlei einsehen und Abschriften erhalten (Art. 62 § 2 EuGH-VerfO).

VII. Fristen

1. Verfahrensfristen

- *Gerichtliche Fristen* werden unter Ausschluß des Tages berechnet, auf den das Ereignis fällt, mit dem die Frist beginnt (Art. 80 § 1 EuGH-VerfO).

  Fällt das Ende der Frist auf einen Sonntag oder gesetzlichen Feiertag, endet die Frist mit Ablauf des nächsten Werktages (Art. 80 § 2 EuGH-VerfO).

- Die *Fristen für die Erhebung von Klagen gegen Maßnahmen der Organe* beginnen am Tag nach der Bekanntgabe an den Betroffenen oder, wenn die Maßnahme veröffentlicht wird, am 15. Tag nach ihrem Erscheinen im Amtsblatt der Europäischen Gemeinschaften (Art. 81 § 1 EuGH-VerfO).

- Die Fristen verlängern sich durch sog. *Entfernungsfristen* (Art. 42 der Satzung und Art. 81 § 2 EuGH-VerfO i.V.m. Anlage II EuGH-VerfO).

Übersicht über die Entfernungsfristen

Land	Frist
Luxemburg	–
Belgien	2 Tage
Deutschland	6 Tage
Französische Republik (das europäische Gebiet)	6 Tage
Königreich der Niederlande (das europäische Gebiet)	6 Tage
Königreich Dänemark (das europäische Gebiet)	10 Tage
Republik Griechenland	10 Tage
Irland	10 Tage
Italienische Republik	10 Tage

Portugiesische Republik (mit Ausnahme der Azoren und Madeira)	10 Tage
Königreich Spanien	10 Tage
Vereintes Königreich	10 Tage
andere Länder und Gebiete Europas	2 Wochen
die autonomen Regionen Azoren, Madeira	3 Wochen
sonstige Länder, Departments und Gebiete	1 Monat

- Durch die *Gerichtsferien* (Art. 28 § 1 EuGH-VerfO) tritt keine Hemmung der Fristen ein. Gerichtsferien sind vom
  - 18. Dezember bis zum 10. Januar
  - vom Sonntag vor Ostern bis zum zweiten Sonntag nach Ostern
  - vom 15. Juli bis zum 15. September.

- Die aufgrund EuGH-VerfO festgesetzten Fristen können von der anordnenden Stelle eine *Fristverlängerung* erfahren (Art. 82, 40 § 2 und 42 § 2 EuGH-VerfO).

- Für die *Berechnung der Verfahrensfristen* für die Schriftsätze ist ihr Eingangsdatum in der Kanzlei maßgebend (Art. 37 § 3 EuGH-VerfO).

- Die *Aufhebungsklage* nach Art. 173 EWGV muß binnen zwei Monaten erhoben werden (Art. 173 EWGV).

- Die *Klagebeantwortung* ist binnen eines Monats nach Zustellung der Klageschrift einzureichen (Art. 40 § 1 EuGH-VerfO), diese Frist kann verlängert werden (Art. 40 § 2 EuGH-VerfO).

- Der Präsident bestimmt die *Fristen für die Einreichung von Replik und Duplik* (Art. 41 § 2 EuGH-VerfO).

- Im *Vorabentscheidungsverfahren* können u. a. die Parteien binnen zwei Monaten nach Zustellung des Ersuchens durch den Gerichtshof schriftliche Erklärungen abgeben (Art. 20 der Satzung).

- Der *Antrag auf Zulassung als Streithelfer* ist binnen drei Monaten nach Veröffentlichung der Rechtssache zu stellen (Art. 93 EuGH-VerfO).

- Jede Partei kann binnen eines Monats *Urteilsergänzungen* beantragen (Art. 67 EuGH-VerfO).

2. Rechtsmittelfristen

- Gegen Endentscheidungen des Gerichts und gegen Entscheidungen, die über einen Teil des Streitgegenstandes ergangen sind oder einen Zwischenstreit beenden, kann binnen zwei Monaten ein Rechtsmittel eingelegt werden (Art. 49 der Satzung).

- Gegen die Ablehnung der Zulassung als Streithelfer muß innerhalb von zwei Wochen ein Rechtsmittel eingelegt werden (Art. 50 der Satzung).

3. Verjährungsfristen

- Die Verjährungsfrist für einen Amtshaftungsanspruch beträgt fünf Jahre (Art. 43 der Satzung).

VIII. Kosten

- Der Gerichtshof entscheidet über die *Kosten* (Art. 35 der Satzung, Art. 69 § 1 EuGH-VerfO).

- *Die Entscheidung über die Kosten im Vorabentscheidungsverfahren* ergeht durch das nationale Gericht (Art. 104 § 3 EuGH-VerfO).

- Das Verfahren vor dem Gerichtshof ist grundsätzlich *kostenfrei* (Art. 72 EuGH-VerfO).

- Für die Ausfertigung von Entscheidungen, beglaubigte Abschriften von Dokumenten sowie außergewöhnliche Übersetzungskosten (Art. 72 b EuGH-VerfO) werden beim Gerichtshof *Kanzleigebühren* erhoben (Art. 20 der Dienstanweisung für den Kanzler).

- Die unterliegende Partei ist auf Antrag zur Tragung der Kosten zu verurteilen (Art. 69 § 2 EuGH-VerfO). Als *erstattungsfähige Kosten* gelten: Aufwendungen der Parteien, die für das Verfahren nötig waren, insbesondere Vergütung der Bevollmächtigten, Beistände und Anwälte, Reise- und Aufenthaltskosten (Art. 73 EuGH-VerfO).

IX. Armenrecht

Es kann auf Antrag Armenrecht bewilligt werden (Art. 76 § 1 EuGH-VerfO). Für den Antrag besteht kein Anwaltszwang (Art. 76 § 2 EuGH-VerfO).

Pieper/Schollmeier

Die Bedürftigkeit ist insbesondere durch ein Armutszeugnis der zuständigen Behörde nachzuweisen (Art. 176 § 1 EuGH-VerfO).

Wird das Armenrecht bewilligt, streckt die Gerichtskasse die Kosten vor (Art. 76 § 5 EuGH-VerfO), dem Antragsteller ist dann ein Anwalt beizuordnen (Art. 4 der zusätzlichen Verfahrensordnung).

Das Armenrecht ist zu versagen bei offensichtlicher Aussichtslosigkeit der Rechtsverfolgung (Art. 76 § 3 EuGH-VerfO).

X. Dritte

Mitgliedstaaten, Organe der Gemeinschaft und alle Personen, die ein berechtigtes Interesse am Ausgang des Rechtsstreits glaubhaft machen (Art. 37 der Satzung, Art. 93 EuGH-VerfO) sind zum *Streitbeitritt* berechtigt.

Drittwiderspruch ist möglich durch Mitgliedstaaten, Organe der Gemeinschaft oder natürliche und juristische Personen gegen ein Urteil, das sie in ihren Rechten beeinträchtigt (Art. 39 der Satzung, Art. 97 EuGH-VerfO).

XI. Verfahrensmäßige Besonderheiten

- *Vorabentscheidungen* über prozeßhindernde Einreden oder einen Zwischenstreit sind möglich (Art. 91 EuGH-VerfO).

- Reicht der Beklagte seine Klagebeantwortung nicht form- und fristgerecht ein, so kann der Kläger *Versäumnisurteil* beantragen (Art. 38 der Satzung, Art. 94 EuGH-VerfO).

- *Antrag auf Auslegung des Urteils* kann gestellt werden (Art. 40 der Satzung, Art. 102 EuGH-VerfO).

- Das Eilverfahren folgt den Regeln der Art. 185, 186, 192 EWGV und Art. 36 der Satzung.

XII. Anschrift des EuGH und des Gericht Erster Instanz:

Centre Européen
L-2925 Luxemburg
Tel.: 00 32 - 2 - 4 30 31

Teil 7:

Die Vollstreckbarkeit von Urteilen des Europäischen Gerichtshofs

A. Grundlagen

Gemäß Art. 187 EWGV sind Urteile des Gerichtshofs gemäß Art. 192 vollstreckbar. Die Vollstreckung richtet sich nach dem Zivilprozeßrecht des Mitgliedstaates, in dem sie stattfindet. Dies gilt auch für die Rechtsbehelfe gegen die Zwangsvollstreckung (EuGHE 1977, 1, [Nold]).

B. Vollstreckbare Entscheidungen

Eine Beschränkung auf „Urteile" in formellem Sinn ist aus der Regelung des Art. 187 EWGV nicht zu entnehmen. Vielmehr sind als Vollstreckungstitel i. S. d. Art. 187 EWGV sämtliche gerichtliche Entscheidungen anzusehen, die ihrem Inhalt nach der Vollstreckung fähig sind.

Somit gehören zu den vollstreckbaren Entscheidungen des EuGH

- Urteile des EuGH in formellem Sinn,
- Kostenfestsetzungsbeschlüsse (Art. 74 § 2 VerfO),
- Beschlüsse, in denen eine einstweilige Anordnung getroffen wird (Art. 86 § 2 VerfO),

Pieper   109

- Beschlüsse, mit denen ein Rechtsstreit auf andere Weise als durch Urteile erledigt wird (Art. 69 § 4 VerfO),

- Entscheidungen aufgrund einer Schiedsklausel (Art. 181),

- Entscheidungen aufgrund eines Schiedsvertrages (Art. 182 EWGV),

- Vergleiche vor dem EuGH, bei denen eine entsprechende Entscheidung des EuGH vollstreckbar wäre (Art. 69 § 4 VerfO) sowie

- die vom EuGH errichteten vollstreckbaren Urkunden.

Der Verweis in Art. 187 EWGV auf Art. 192 EWGV erstreckt sich nicht auf den Abs. 1 des Art. 192. Somit sind nicht nur Urteile vollstreckbar, die eine Zahlung auferlegen, sondern sämtliche im Urteil aufgelegten *Leistungspflichten* (vgl. hierzu Grabitz, Kommentar zum EWG-Vertrag, Art. 187, Rdnr. 4 ff.). Von praktischer Relevanz ist allerdings vornehmlich die *Zwangsvollstreckung der Kostenfestsetzungsbeschlüsse.*

C. Vollstreckungsgegner

Als Vollstreckungsgegner einer vollstreckbaren Entscheidung des Gerichtshofs kommen *private und öffentliche Unternehmen* sowie die *Gemeinschaftsbürger* in Frage.

Eine Vollstreckung gegenüber *Mitgliedstaaten* ist davon abhängig, inwieweit gerichtliche Entscheidungen gegenüber Mitgliedstaaten ihrem Wesen nach einer Vollstreckung zugänglich sind. Ausgenommen von einer Vollstreckung sind allerdings Urteile aufgrund des Verfahrens gemäß Art. 169, 170 EWGV (Vertragsverletzungsverfahren), da die Verpflichtung, die sich aus dem Urteil gegenüber den unterlegenen Mitgliedstaaten ergibt, gemäß Art. 171 EWGV von den Mitgliedstaaten selbst ausgeführt werden muß.

Neben einer Zulässigkeit von Vollstreckungen gegenüber Mitgliedstaaten aus Verpflichtungen, die ein Mitgliedstaat einer *Schiedsklausel* oder einem *Schiedsvertrag* eingegangen ist, ist in der Verfahrensordnung des Gerichtshofs ausdrücklich die Vollstreckung gegen einen Mitgliedstaat aus *Kostenfestsetzungsbeschlüssen* vorgesehen (Art. 74 VerfO).

Entscheidungen des Gerichtshofs gegenüber den Gemeinschaftsorganen sind in den Fällen der Art. 173, 175 EWGV nicht vollstreckbar, da es sich um *Feststellungsurteile* handelt, aus denen die Gemeinschaft nach Art. 176 Abs. 1 EWGV selbst die erforderlichen Konsequenzen zu ziehen hat.

Vollstreckbar sind allerdings Entscheidungen des Gerichtshofs gegenüber Gemeinschaftsorganen, sofern diese die Gemeinschaftsorgane zu einer *Zahlung* verurteilen. Dies ist etwa im Falle einer Klage gemäß Art. 215 Abs. 2, Art. 178 EWGV einer *Verurteilung zum Schadensersatz,* zur Geldleistung im Rahmen eines dienstrechtlichen Verfahrens nach Art. 179 oder zur Kostentragung nach Art. 69 § 1, Art. 74 VerfO der Fall. Zudem sind solche Entscheidungen gegenüber den Gemeinschaftsorganen vollstreckbar, die eine *Leistungspflicht* aufgrund eines privat-rechtlichen oder öffentlich-rechtlichen Vertrages (Art. 181) feststellen.

D. Vollstreckungsverfahren

Das Vollstreckungsverfahren ergibt sich bei Urteilen des EuGH aus den Bestimmungen des Art. 192 Abs. 2 bis 4 EWGV. Grundsätzlich ist für die Vollstreckung von Entscheidungen des EuGH das nationale Zivilprozeßrecht anwendbar. Dies ergibt sich aus Art. 192 Abs. 2 S. 1 EWG-Vertrag. Danach erfolgt die Vollstreckung der Entscheidung nach dem Zivilprozeßrecht des Staates, in dessen Hoheitsgebiet sie stattfindet. Die Zuständigkeit zum Erlaß von Zwangsvollstreckungsmaßnahmen ist damit nicht auf die Gemeinschaftsgewalt übergegangen, sondern bei den Mitgliedstaaten verblieben.

I. Klauselerteilung

Während der Erlaß des vollstreckbaren Titels nach Gemeinschaftsrecht durch die Organe der Gemeinschaft erfolgt, wird die Vollstreckung gemäß Art. 192 Abs. 2 S. 2 EWG-Vertrag aufgrund einer Vollstreckungsklausel vollzogen, die eine staatliche Behörde erläßt. Zur Erteilung der Vollstreckungsklausel ist in der Bundesrepublik Deutschland der Bundesjustizminister zuständig (BGBl. 1971 II, 50). Bei Klauselerteilung darf lediglich die Echtheit des Titels geprüft werden, d. h. es wird überprüft, ob der Titel tatsächlich von demjenigen Gemeinschaftsorgan stammt, das er bezeichnet. Eine Prüfung im übrigen, beispielsweise am nationalen ordre public, findet nicht statt. Die Vollstreckungsklausel im Gemeinschaftsrecht entspricht damit nicht der Vollstreckungsklausel gemäß § 725 ZPO.

II. Aussetzung der Zwangsvollstreckung

Auch die Aussetzung der Zwangsvollstreckung kann nur vom EuGH angeordnet werden, Art. 192 Abs. 4 EWGV. Das Verfahren richtet sich nach den Vorschriften der Art. 89, 83 ff. EuGH-VerfO.

Auf einen Antrag hin, der der Gegenpartei unter Fristsetzung zur Stellungnahme übersandt wird, entscheidet der Präsident des Gerichtshofes. Der Beschluß über die Aussetzung, der mit Gründen versehen den Parteien zugestellt wird, ist *unanfechtbar* und *vollstreckbar* (Art. 86 EuGH-VerfO).

Nach deutschem Recht kommt eine *Vollstreckungsgegenklage* gem. § 767 ZPO nicht in Betracht, da sie auf Aufhebung des Vollstreckungstitels zielt. Hierfür ist aber allein der EuGH zuständig.

III. Prüfung der Ordnungsmäßigkeit der Zwangsvollstreckung

Die Durchführung der Zwangsvollstreckung erfolgt ebenso wie die Überprüfung der Vollstreckungsmaßnahmen selbst durch mitgliedstaatliches Recht, nach dem sie sich richtet. Daher kann gegen eine Zwangsvollstreckung in der Bundesrepublik nur die *Erinnerung* gegen die Art und Weise der Zwangsvollstreckung gem. § 766 ZPO eingelegt werden, da es hier um die Anwendung der Vorschriften des Vollstreckungsverfahrens geht.

Möglich ist auch die *Drittwiderspruchsklage* gem. § 771 ZPO und die *Klage auf vorzugsweise Befriedigung* gem. § 805 ZPO. In Betracht kommt auch die Klage gem. § 878 ZPO im Fall einer Immobiliarvollstreckung.

Teil 8:

Zwangsmittel und Durchsuchungsbefugnisse der EG-Kommission

A. Der Vollzug des Gemeinschaftsrechts

B. Zwangsmittel

    I.   Zwangsmittel gegenüber den Mitgliedstaaten

    II. Zwangsmittel gegen Private

    III. Zwangsmittel im Kartell- und Wettbewerbsrecht

        1. Geldbußen und Zwangsgelder bei Verstoß gegen Auskunftspflichten

        2. Geldbußen und Zwangsgelder bei Verstoß gegen die Nachprüfungsduldungspflicht

        3. Unmittelbarer Zwang

        4. Rechtsschutz gegen Nachprüfungsentscheidungen

A. Der Vollzug des Gemeinschaftsrechts

Im Normalfall beschränkt sich die Tätigkeit der Gemeinschaft auf die Rechtsetzung und die Kontrolle seiner Anwendung des Gemeinschaftsrechts. Mit wenigen Ausnahmen (z. B. dem Kartellrecht) wird das EG-Recht durch die Mitgliedstaaten vollzogen bzw. angewendet. Somit muß der Marktbürger, beruft er sich auf gemeinschaftliche Rechtsnormen, diese vor nationalen Behörden bzw. Gerichten durchsetzen. Der *mittelbare Vollzug des Gemeinschaftsrechts* durch die Mitgliedstaaten ist dabei an alle gemeinschaftsrechtlichen Vorgaben gebunden.

In besonderen Fällen dagegen wird das Gemeinschaftsrecht durch die Organe, i. d. R. durch die Kommission selbst vollzogen (Direktvollzug).

Unmittelbar vollzogen werden:

- Kartellrecht (Art. 85, 86 EWGV)
- Antidumpingrecht (Art. 91 EWGV)
- Antisubventionsrecht (Art. 92 EWGV)

- Beihilfenaufsicht
- Verwaltung der Gemeinschaftsfonds

B. Zwangsmittel

I. Zwangsmittel gegenüber den Mitgliedstaaten

Eine zwangsweise Durchsetzung gemeinschaftlicher Rechtspflichten der Mitgliedstaaten über das *Vertragsverletzungsverfahren* vor dem EuGH gem. Art. 169 EWGV hinaus ist im EWG-Vertrag und EAG-Vertrag (anders im EGKS-Vertrag, Art. 88 Abs. 3) nicht vorgesehen (vgl. Oppermann, Europarecht 1991, Rdnr. 587 ff.). Etwas anderes sehen die Änderungen vor, die mit Inkrafttreten des *Maastrichter Vertrages* gültig werden. Gem. Art. 171 EG-Vertrag kann der Gerichtshof dann auf Antrag der Kommission gegen einen Mitgliedstaat ein *Zwangsgeld* festsetzen, wenn dieser nicht innerhalb einer gesetzten Frist im Anschluß an eine Verurteilung im Rahmen eines Vertragsverletzungsverfahrens die Maßnahmen ergreift, die im Urteil vorgesehen sind.

II. Zwangsmittel gegen Private

Der *EWG-Vertrag* selbst räumt den Organen keine Zwangsmittel zur Durchsetzung der gemeinschaftsrechtlichen Verpflichtung gegenüber Privaten (juristischen und natürlichen Personen) ein. Dagegen können die Gemeinschaftsorgane im sachlichen Anwendungsbereich des *EGKS* aufgrund von 13 Vorschriften unmittelbar Zwangsmaßnahmen gegen Private verhängen.

Aber auch der EWG-Vertrag räumt die Möglichkeit zur zwangsweisen Durchsetzung des Gemeinschaftsrechts ein. Art. 172 EWGV spricht von der Möglichkeit, daß vom Rat erlassene Verordnungen Zwangsmaßnahmen vorsehen können. Diese haben aber keinen *Strafcharakter* (vgl. Hummer, in: Grabitz, Kommentar zum EWGV, Art. 155 Rdnr. 24).

Eine Kompetenz zum Erlaß von Verordnungen, die Zwangsmaßnahmen vorsehen, ergibt sich aus der *Verordnungsbefugnis des Rates* als solcher (Wenig, in: Grabitz, a. a. O., Art. 172 Rdnr. 2).

Neben Verordnungen mit Zwangsmaßnahmen im Wettbewerbsrecht (Art. 87 EWGV) sind bisher nur wenige Maßnahmen dieser Art erlassen worden (Nachweise bei Wenig, in: Grabitz, a. a. O., Art. 172, Rdnr. 2). *Sanktionsmittel* sind Gelbußen, Zwangsgelder oder Verzugszuschläge (vgl. Oppermann, a. a. O., Rdnr. 590 f.).

III. Zwangsmittel im Kartell- und Wettbewerbsrecht

Nach Art. 87 EWGV ist es möglich, Zwangsmaßnahmen zur Durchsetzung der Wettbewerbsregeln der Gemeinschaften (Art. 85, 86 EWGV) in sekundärrechtlichen Vorschriften vorzusehen. Die sogenannte „Kartell-Verordnung" Nr. 17 v. 6. 2. 1962 (ABl. EG Nr. 13, S. 204) stellt einen wesentlichen Bereich dar, in dem Zwangsmittel der Gemeinschaft angewendet werden (vgl. hierzu m. w. N. Bleckmann/Pieper, in: Lenz (Hrsg.), EG-Handbuch Recht im Binnenmarkt, 594 f. sowie Pernice/Koch, Kommentierung der VO Nr. 17, in: Grabitz, Kommentar zum EWGV, nach Art. 87).

Die Verordnung Nr. 17 enthält zur Durchsetzung der Wettbewerbsverbote gemäß Art. 87 und 86 EWGV eine Reihe von *Nachprüfungs- und Auskunftsrechten* (Art. 10–14 der VO Nr. 17), die bei Zuwiderhandlung durch die Unternehmen von der Kommission gemäß Art. 15 der VO Nr. 17 sanktioniert werden können.

1. Geldbußen und Zwangsgelder bei Verstoß gegen Auskunftspflichten

Gemäß Art. 17 der Verordnung Nr. 17 kann die Kommission von den Regierungen und zuständigen Behörden der Mitgliedstaaten sowie von Unternehmen und Unternehmensvereinigungen alle erforderlichen Auskünfte einholen. Das Auskunftsverlangen wird, sofern es sich direkt an ein Unternehmen oder eine Unternehmensvereinigung richtet, an die zuständigen Behörden des Mitgliedstaates übermittelt, in dessen Hoheitsgebiet sich der Sitz des Unternehmens oder der Unternehmensvereinigung befindet. Die in der Bundesrepublik zuständige Behörde ist das *Bundeskartellamt*. In ihrem Auskunftsverlangen muß die Kommission gemäß Art. 11 Abs. 3 der Verordnung Nr. 17 auf die Rechtsgrundlage und den Zweck ihres Verlangens hinweisen sowie gemäß Art. 15 Abs. 1 Buchst. b der Verordnung Nr. 17 vorgesehene Zwangsmaßnahmen bei unrichtiger Auskunft androhen. Gemäß Art. 11 Abs. 4 der Verordnung Nr. 17 besteht eine Verpflichtung der Inhaber der Unternehmen oder deren Vertreter bzw. bei juristischen Personen die nach Gesetz oder Satzung zur Vertretung berufenen Personen, dem Auskunftsverlangen nachzukommen. Nach dieser ersten Stufe eines *formlosen Auskunftsverlangens* an das Unternehmen oder die Unternehmensvereinigung kann die Kommission, wenn dem Auskunftsverlangen innerhalb der gesetzten Frist nicht oder nicht vollständig nachgekommen wird, in einer *förmlichen Entscheidung* weitere Auskunft verlangen (Art. 11 Abs. 5 der Verordnung Nr. 17). Sofern die Auskunftsverpflichteten dem Auskunftsverlangen der Kommission nicht nachkommen, kann die Kommission wegen nicht, unrichtig oder unvollständig erteilter Auskünfte *Geldbußen* (Art. 15 der Verordnung Nr. 17) und *Zwangsgelder* (Art. 16 der Verordnung Nr. 17) verhängen.

2. Geldbußen und Zwangsgelder bei Verstoß gegen die Nachprüfungsduldungspflicht

Neben dem bloßen Auskunftsverlangen nach Art. 11 der Verordnung Nr. 17 kann die Kommission auch selbst gemäß Art. 14 der Verordnung Nr. 17 bei Unternehmen und Unternehmensvereinigungen alle erforderlichen *Nachprüfungen* vornehmen. Die von der Kommission beauftragten Bediensteten haben dabei die Befugnisse, die Bücher und sonstigen Geschäftsunterlagen zu prüfen, Abschriften oder Auszüge aus Büchern und Geschäftsunterlagen anzufertigen, mündliche Erklärungen an Ort und Stelle anzufordern und alle Räumlichkeiten, Grundstücke und Transportmittel der Unternehmen zu betreten. Bei den Nachprüfungen gemäß Art. 14 der Verordnung Nr. 17 ist zwischen formlosen und förmlichen Nachprüfungen zu unterscheiden.

Bei den *formlosen Nachprüfungen* gemäß Art. 14 Abs. 2 der Verordnung Nr. 17 weisen sich die von der Kommission beauftragten Bediensteten durch Vorlage eines *Prüfungsauftrages der Kommission* aus, in dem Gegenstand und Zweck der Nachprüfung bezeichnet sind und in dem auf die in Art. 15 Abs. 1 Buchst. c der Verordnung Nr. 17 vorgesehenen Zwangsmaßnahmen für den Fall hingewiesen wird, daß die angeforderten Bücher und sonstigen Geschäftsunterlagen nicht vollständig vorgelegt werden. Die Kommission muß bei einer solchen Nachprüfung die zuständige Behörde des Mitgliedstaates – also das *Bundeskartellamt* in der Bundesrepublik – rechtzeitig vor Nachprüfung über den Prüfungsauftrag und die Person mit den beauftragten Diensten unterrichten. Im Falle von formlosen Nachprüfungen können die betroffenen Unternehmen eine Nachprüfung in der Regel ohne Gefahr einer Sanktion in Form einer Geldbuße oder eines Zwangsgeldes ablehnen, da sie nicht verpflichtet sind, sie zu dulden (vgl. von Winterfeld, Ermittlungsbefugnisse der EG-Kommission gegenüber Unternehmen am Beispiel des Kartellrechts – aus anwaltlicher Erfahrung, 1992, S. 4 f.). Kommt das betroffene Unternehmen der Nachprüfung nach, so besteht allerdings eine Pflicht zur Mitwirkung an der Nachprüfung in der Form, daß alle angeforderten Bücher und sonstigen Geschäftsunterlagen vollständig vorgelegt werden, da im Falle einer nichtvollständigen Vorlage die Möglichkeit der Kommission zur Verhängung einer *Geldbuße* gemäß Art. 15 Abs. 1 Buchst. c besteht.

Sofern die Kommission in einer Entscheidung (Art. 189 Abs. 4 EWGV) die Nachprüfung angeordnet hat, sind Unternehmen und Unternehmensvereinigungen verpflichtet, die Nachprüfung zu dulden. In der Entscheidung müssen *Gegenstand und Zweck der Nachprüfung* bezeichnet sein, dies gilt ebenfalls für den Zeitpunkt des Beginns der Nachprüfung und für den Hinweis auf den Art. 15 Abs. 1 Buchst. c und Art. 16 Abs. 1 Buchst. d vorgesehenen Zwangsmaßnahmen sowie für das Recht, vor dem Gerichtshof gegen die Entscheidung Klage zu erheben.

Sofern ein Unternehmen oder eine Unternehmensvereinigung sich einer förmlichen Nachprüfung gemäß Art. 14 Abs. 3 der Verordnung Nr. 17 widersetzt, ist die Kommission lediglich in der Lage, gegen das sich weigernde Unternehmen ein *Zwangsgeld* bis zu 1.000 Rechnungseinheiten für jeden Tag des Verzugs (Art. 16 der Verordnung Nr. 17) und eine *Geldbuße* bis zu 5.000 Rechnungseinheiten (Art. 15 der Verordnung Nr. 17) festzusetzen.

3. Unmittelbarer Zwang

Die Möglichkeit, mit unmittelbarem Zwang selbst eine „Durchsuchung" durchzuführen, ist der Kommission nicht eingeräumt. Für einen solchen Fall sieht Art. 14 Abs. 6 der Verordnung Nr. 17 lediglich vor, daß die

Mitgliedstaaten den Bediensteten der Kommission alle erforderliche Unterstützung gewährt, damit die Nachprüfungen durchgeführt werden können.

4. Rechtschutz gegen Nachprüfungsentscheidungen

Gegen die Nachprüfungsentscheidungen der EG-Kommission besteht für die betroffenen Unternehmen und Unternehmensvereinigungen lediglich ein *nachträglicher Rechtsschutz* vor dem Europäischen Gerichtshof gemäß Art. 185, 186 EWGV im Wege der einstweiligen Anordnung, der aber keine aufschiebende Wirkung zukommt.

Dies ist vor allem deshalb von Bedeutung, da nach dem Gesetz gegen Wettbewerbsbeschränkung i. d. F. vom 29. 12. 1989 (BGBl. I, 24, 86), die von der EG-Kommission angeordneten Nachprüfungen im Wege der Durchsuchung auf Anordnung des Amtsrichters, in dessen Bezirk die Durchsuchung erfolgen soll, vorgenommen werden (§§ 47, 46 Abs. 4 GWB). Das Gemeinschaftsrecht gibt somit den Bediensteten der EG-Kommission selbst kein Recht zur *Durchsuchung,* d. h. sich gewaltsam Zugang zu Orten oder Möbeln zu verschaffen oder die Beschäftigten des Unternehmens zu zwingen, den Zugang hierzu zu gewähren (vgl. EuGHE 1989, 2859 ff. [Höchst]; vgl. hierzu Ress/Ukrow, EuZW 1990, 499).

Für den Fall, daß sich die betroffenen Unternehmen der Kommission widersetzen, wird diese Mitwirkung durch die Einschaltung der nationalen Behörden ersetzt (EuGHE 1989, 2927 f.). Bei Einschaltung nationaler Behörden muß allerdings von der Kommission beachtet werden, daß die Maßnahmen den allgemeinen Grundsätzen des Gemeinschaftsrechts wie den gemeinschaftsrechtlichen Grundrechten, dem Willkürverbot und dem Grundsatz der Verhältnismäßigkeit hinreichend Beachtung geschenkt wird (EuGHE 1989, 2923 ff.). In der Höchst-Entscheidung (s. o.) hat der Gerichtshof allerdings ausdrücklich festgestellt, daß es ein Grundrecht auf Unverletzlichkeit der Geschäftsräume nicht gebe (EuGHE 1989, 2924). Neben diesen gemeinschaftsrechtlichen Grundsätzen ist die Kommission daneben verpflichtet, die im nationalen Recht vorgesehenen *Verfahrensgarantien* zu beachten (EuGHE 1989, 2928).

Da die Verordnung Nr. 17 in Art. 14 Abs. 6 für die Durchsetzung der Nachprüfungsentscheidung auf das *nationale Vollstreckungsrecht* verweist, müssen die unterschiedlichen Maßnahmen der Kommission auch auf zwei unterschiedlichen Stufen geprüft werden: Da die Nachprüfungsentscheidung der Kommission selbst sich nach Gemeinschaftsrecht richtet, wird das *Auslegungs- und Kontrollmonopol des EuGH* dadurch sichergestellt, daß der Gerichtshof die alleinige Rechtmäßigkeitskontrolle über die Nachprüfungsentscheidung der Kommission selbst ausübt (Art. 173, 185, 186 EWG-Vertrag). Demgegenüber wird die Vollstreckungsmaßnahme – also das Wie der Durchsetzung der Nachprüfungsentscheidung – nach nationalem Recht auch anhand des nationalen Rechtmäßigkeitsmaßstabes von *nationalen Gerichten* geprüft. Damit unterliegen auch Nachprüfungsentscheidungen der EG-Kommission, sollen sie durch Durchsuchungen vollstreckt werden, einem *Richtervorbehalt.* Der zwangsweisen Durchsetzung einer Nachprüfungsentscheidung der Kommission durch eine Hausdurchsuchung ohne richterlichen Durchsuchungsbefehl können sich die betroffenen Unternehmen und Unternehmensvereinigungen somit widersetzen (vgl. auch von Winterfeld, a. a. O., 13).

Zudem ist zu berücksichtigen, daß den betroffenen Unternehmen und Unternehmensvereinigungen grundsätzlich das Recht zukommt, jederzeit einen Anwalt hinzuzuziehen sowie der Anspruch auf Wahrung der Vertraulichkeit des Schriftverkehrs zwischen Anwalt und Mandant (EuGHE 1989, 2924).

Anhang:

Texte und Adressen

Anhang I:

Richtlinie 77/249/EWG zur Erleichterung der tatsächlichen Ausübung des freien Dienstleistungsverkehrs der Rechtsanwälte

Vom 22. März 1977
(Abl. EG Nr. L 78, S. 17, geändert durch Beitrittsvertrag v. 19. 11. 1979
ABl. EG Nr. L 291, S. 9, Beitrittsvertrag vom 12. 6. 1985 ABl. EG
Nr. L 302, S. 9).

Der Rat der Europäischen Gemeinschaften

gestützt auf den Vertrag zur Gründung der Europäischen Wirtschaftsgemeinschaft, insbesondere auf die Artikel 57 und 66, auf Vorschlag der Kommission, nach Stellungnahme des Wirtschafts- und Sozialausschusses, in Erwägung nachstehender Gründe:

Nach dem Vertrag ist jegliche Beschränkung des freien Dienstleistungsverkehrs, die sich auf die Staatsangehörigkeit oder auf das Erfordernis eines Wohnsitzes gründet, seit Ablauf der Übergangszeit untersagt.

Diese Richtlinie betrifft nur die Maßnahmen zur Erleichterung der tatsächlichen Ausübung der Rechtsanwaltstätigkeiten im freien Dienstleistungsverkehr. Eingehendere Maßnahmen werden erforderlich sein, um die tatsächliche Ausübung der Niederlassungsfreiheit zu erleichtern.

Die tatsächliche Ausübung der Rechtsanwaltstätigkeiten im freien Dienstleistungsverkehr setzt voraus, daß der Aufnahmestaat die Personen, die diesen Beruf in den einzelnen Mitgliedstaaten ausüben, als Rechtsanwälte anerkennt.

Da die vorliegende Richtlinie nur den Dienstleistungsverkehr betrifft und Vorschriften über die gegenseitige Anerkennung der Diplome noch nicht erlassen worden sind, hat der von der Richtlinie Begünstigte die Berufsbezeichnung des Mitgliedstaates zu verwenden, in dem er niedergelassen ist und der im folgenden als „Herkunftsstaat" bezeichnet wird –

hat folgende Richtlinie erlassen:

Art. 1

(1) Diese Richtlinie gilt innerhalb der darin festgelegten Grenzen und unter den darin vorgesehenen Bedingungen für die in Form der Dienstleistung ausgeübten Tätigkeiten der Rechtsanwälte.

Unbeschadet der Bestimmungen dieser Richtlinie können die Mitgliedstaaten die Abfassung förmlicher Urkunden, mit denen das Recht auf Verwaltung des Vermögens verstorbener Personen verliehen oder mit denen ein Recht an Grundstücken geschaffen oder übertragen wird, bestimmten Gruppen von Rechtsanwälten vorbehalten.

(2) Unter „Rechtsanwalt" ist jede Person zu verstehen, die ihre beruflichen Tätigkeiten unter einer der folgenden Bezeichnungen auszuüben berechtigt ist:

Belgien:	Avocat/Advocaat
Dänemark:	Advokat
Deutschland:	Rechtsanwalt
Frankreich:	Avocat
Irland:	Barrister
	Solicitor
Italien:	Avvocato
Luxemburg:	Avocat-avoué
Niederlande:	Advocaat
Vereinigtes Königreich:	Advocate
	Barrister
	Solicitor
Griechenland:	δικηγόρος
Spanien:	Abogado
Portugal:	Advogado.

Art. 2 Anerkennung als Rechtsanwalt

Jeder Mitgliedstaat erkennt für die Ausübung der in Artikel 1 Absatz 1 genannten Tätigkeiten alle unter Artikel 1 Absatz 2 fallenden Personen als Rechtsanwalt an.

Art. 3 Berufsbezeichnung

Jede unter Artikel 1 fallende Person verwendet die in der Sprache oder in einer der Sprachen des Herkunftsstaates gültige Berufsbezeichnung unter Angabe der Berufsorganisation, deren Zuständigkeit sie unterliegt, oder des Gerichts, bei dem sie nach Vorschriften dieses Staates zugelassen ist.

Art. 4 Standesregeln

(1) Die mit der Vertretung oder Verteidigung eines Mandanten im Bereich der Rechtspflege oder vor Behörden zusammenhängenden Tätigkeiten des Rechtsanwalts werden im jeweiligen Aufnahmestaat unter den für die in diesem Staat niedergelassenen Rechtsanwälte vorgesehenen Bedingungen ausgeübt, wobei jedoch das Erfordernis eines Wohnsitzes sowie das der Zugehörigkeit zu einer Berufsorganisation in diesem Staat ausgeschlossen sind.

(2) Bei der Ausübung dieser Tätigkeit hält der Rechtsanwalt die Standesregeln des Aufnahmestaates neben den ihm im Herkunftsland obliegenden Verpflichtungen ein.

(3) Bei der Ausübung dieser Tätigkeiten im Vereinigten Königreich sind unter den „Standesregeln des Aufnahmestaates" die Standesregeln der „solicitors" zu verstehen, wenn die gesamten Tätigkeiten nicht den „barristers" oder den „advocates" vorbehalten sind. Andernfalls finden die Standesregeln der letztgenannten Berufsstände Anwendung. „Barristers" aus Irland unterliegen jedoch immer den Standesregeln der „barristers" oder „advocates" im Vereinigten Königreich.

Bei der Ausübung dieser Tätigkeiten in Irland sind unter den „Standesregeln des Aufnahmestaates", soweit sie die mündliche Vertretung eines Falles vor Gericht regeln, die Standesregeln der „barristers" zu verstehen. In allen anderen Fällen finden die Standesregeln der „sollicitors" Anwendung. „Barristers" und „advocates" aus dem Vereinigten Königreich unterliegen jedoch immer den Standesregeln der „barristers" in Irland.

(4) Für die Ausübung anderer als der in Absatz 1 genannten Tätigkeiten bleibt der Rechtsanwalt den im Herkunftsstaat geltenden Bedingungen und Standesregeln unterworfen; daneben hält er die im Aufnahmestaat geltenden Regeln über die Ausübung des Berufes, gleich welchen

Ursprungs, insbesondere in bezug auf die Unvereinbarkeit zwischen den Tätigkeiten des Rechtsanwalts und anderen Tätigkeiten in diesem Staat, das Berufsgeheimnis, die Beziehungen zu Kollegen, das Verbot des Beistands für Parteien mit gegensätzlichen Interessen durch denselben Rechtsanwalt und die Werbung ein. Diese Regeln sind nur anwendbar, wenn sie von einem Rechtsanwalt beachtet werden können, der nicht in dem Aufnahmestaat niedergelassen ist, und nur insoweit, als ihre Einhaltung in diesem Staat objektiv gerechtfertigt ist, um eine ordnungsgemäße Ausübung der Tätigkeiten des Rechtsanwalts sowie die Beachtung der Würde des Berufes und der Unvereinbarkeit zu gewährleisten.

Art. 5 Vertretung vor Gericht

Für die Ausübung der Tätigkeiten, die mit der Vertretung und der Verteidigung von Mandanten im Bereich der Rechtspflege verbunden sind, kann ein Mitgliedstaat den unter Artikel 1 fallenden Rechtsanwälten als Bedingung auferlegen,

– daß sie nach den örtlichen Regeln oder Gepflogenheiten beim Präsidenten des Gerichts und gegebenenfalls beim zuständigen Vorsitzenden der Anwaltskammer des Aufnahmestaates eingeführt sind;

– daß sie im Einvernehmen entweder mit einem bei dem angerufenen Gericht zugelassenen Rechtsanwalt, der gegebenenfalls diesem Gericht gegenüber die Verantwortung trägt, oder mit einem bei diesem Gericht tätigen „avoué" oder „procuratore" handeln.

Art. 6

Jeder Mitgliedstaat kann die im Gehaltsverhältnis stehenden Rechtsanwälte, die durch einen Arbeitsvertrag an ein staatliches oder privates Unternehmen gebunden sind, von der Ausübung der Tätigkeiten der Vertretung und Verteidigung im Bereich der Rechtspflege für dieses Unternehmen insoweit ausschließen, als die in diesem Staat ansässigen Rechtsanwälte diese Tätigkeiten nicht ausüben dürfen.

Art. 7

(1) Die zuständige Stelle des Aufnahmestaates kann von dem Dienstleistungserbringer verlangen, daß er seine Eigenschaft als Rechtsanwalt nachweist.

(2) Bei Verletzung der im Aufnahmestaat geltenden Verpflichtungen i. S. des Artikels 4 entscheidet die zuständige Stelle des Aufnahmestaats nach den eigenen Rechts- und Verfahrensregeln über die rechtlichen Folgen dieses Verhaltens; sie kann zu diesem Zweck Auskünfte beruflicher Art über den Dienstleistungserbringer einholen. Sie unterrichtet die zuständige Stelle des Herkunftsstaats von jeder Entscheidung, die sie getroffen hat. Diese Unterrichtung berührt nicht die Pflicht zur Geheimhaltung der Auskünfte.

Art. 8 Schlußbestimmung

Die Mitgliedstaaten treffen die erforderlichen Maßnahmen, um dieser Richtlinie binnen zwei Jahren nach ihrer Bekanntgabe nachzukommen, und setzen die Kommission unverzüglich davon in Kenntnis.

(2) Die Mitgliedstaaten teilen der Kommission den Wortlaut der wichtigsten innerstaatlichen Rechtsvorschriften mit, die sie auf dem unter diese Richtlinie fallenden Gebiet erlassen.

Art. 9

Diese Richtlinie ist an die Mitgliedstaaten gerichtet.

Anhang II:
Rechtsanwaltsdienstleistungsgesetz

Gesetz zur Durchführung der Richtlinie des Rates der Europäischen Gemeinschaften vom 22. März 1977 zur Erleichterung der tatsächlichen Ausübung des freien Dienstleistungsverkehrs der Rechtsanwälte (Rechtsanwaltsdienstleistungsgesetz – RADG)

Vom 16. August 1980 (BGBl. I S. 1453)
i. d. F. des Ersten Änderungsgesetzes v. 14. 3. 1990 (BGBl. I S. 479)

Erster Abschnitt: Vorschriften für das Erbringen anwaltlicher Dienstleistungen

§ 1 Anwendungsbereich

(1) Staatsangehörige eines Mitgliedstaats der Europäischen Gemeinschaften, die berechtigt sind, unter einer der folgenden Bezeichnungen

– in Belgien:	Avocat/Advocaat –
– in Dänemark:	Advokat –
– in Frankreich:	Avocat –
– in Griechenland:	δικηγόρος –
– in Irland	Barrister, Solicitor –
– in Italien:	Avvocato –
– in Luxemburg:	Avocat-avoué –
– in den Niederlanden:	Advocaat –
– in Portugal:	Advogado –
– in Spanien:	Abogado –
– im Vereinigten Königreich:	Advocate, Barrister, Solicitor –

beruflich tätig zu werden, dürfen, sofern sie Dienstleistungen im Sinne des Artikels 60 des Vertrags zur Gründung der Europäischen Wirtschaftsgemeinschaft erbringen, im Geltungsbereich dieses Gesetzes vorübergehend die Tätigkeiten eines Rechtsanwalts nach den folgenden Vorschriften ausüben.

(2) Absatz 1 gilt nicht für Personen, die den Beruf des Rechtsanwalts nicht ausüben dürfen, weil

a) sie aus einem der in § 7 Nr. 1, 2, 4 bis 6 der Bundesrechtsanwaltsordnung aufgeführten Gründe in nicht mehr anfechtbarer Weise zur Rechtsanwaltschaft nicht zugelassen worden sind oder ihre Zulassung aus einem dieser Gründe nach § 14 Abs. 1 Nr. 1 der Bundesrechtsanwaltsordnung in nicht mehr anfechtbarer Weise zurückgenommen worden ist, solange der Grund für die Nichtzulassung oder die Rücknahme der Zulassung besteht,

b) ihre Zulassung nach § 14 Abs. 1 Nr. 2 und 3 der Bundesrechtsanwaltsordnung in nicht mehr anfechtbarer Weise zurückgenommen worden ist,

c) gegen sie die Maßnahme der Ausschließung aus der Rechtsanwaltschaft nach § 114 Abs. 1 Nr. 5 der Bundesrechtsanwaltsordnung rechtskräftig verhängt worden ist.

Ist einer Person nach § 70 des Strafgesetzbuches, § 132a der Strafprozeßordnung oder § 150 der Bundesrechtsanwaltsordnung die Ausübung des Anwaltsberufs verboten, so ist Absatz 1 für die Dauer des Verbots nicht anzuwenden. Ist gegen eine Person nach § 114 Abs. 1 Nr. 4, §§ 150 oder 161a der Bundesrechtsanwaltsordnung ein Vertretungsverbot verhängt worden, so ist Absatz 1 in dem Umfang nicht anzuwenden, in dem das Vertretungsverbot besteht.

§ 2 Berufsbezeichnung, Nachweis der Anwaltseigenschaft

(1) Wer nach § 1 Abs. 1 im Geltungsbereich dieses Gesetzes die Tätigkeiten eines Rechtsanwalts ausübt, hat hierbei die Berufsbezeichnung, die er im Staat seiner Niederlassung (Herkunftsstaat) nach dem dort geltenden Recht zu führen berechtigt ist, zu verwenden und entweder das Gericht, bei dem er nach dem Recht des Herkunftsstaats zugelassen ist, oder die

Berufsorganisation, der er angehört, anzugeben. Die Berufsbezeichnung „Rechtsanwalt" oder eine von den in § 1 Abs. 1 aufgeführten Berufsbezeichnungen abweichende Bezeichnung darf nicht geführt werden.

(2) Wer nach § 1 Abs. 1 im Geltungsbereich dieses Gesetzes Dienstleistungen erbringen will, hat der nach § 6 zuständigen Rechtsanwaltskammer, dem Gericht oder der Behörde, vor der er auftritt, auf Verlangen seine Berechtigung nach § 1 Abs. 1 nachzuweisen. Wird dieses Verlangen gestellt, darf er die Tätigkeiten nach diesem Gesetz erst ausüben, wenn der Nachweis erbracht ist.

§ 3   Rechte und Pflichten

(1) Die in § 1 Abs. 1 bezeichneten Personen haben bei Ausübung der Tätigkeiten, die mit der Vertretung oder Verteidigung eines Mandanten im Bereich der Rechtspflege oder vor Behörden zusammenhängen, die Stellung eines Rechtsanwalts, insbesondere dessen Rechte und Pflichten, soweit diese nicht die Zugehörigkeit zu einer Rechtsanwaltskammer, den Wohnsitz sowie die Kanzlei betreffen. Beschränkungen der Vertretungsbefugnis, die sich aus dem Erfordernis der Zulassung bei einem Gericht ergeben, gelten für sie nur für die Vertretung vor dem Bundesgerichtshof. Die in § 1 Abs. 1 bezeichneten Personen dürfen in Berufungssachen vor den Zivilsenaten der Oberlandesgerichte, für die der Grundsatz der ausschließlichen Zulassung (§ 25 der Bundesrechtsanwaltsordnung) gilt, nur vertreten, wenn sie nicht im ersten Rechtszug Prozeßbevollmächtigte waren.

(2) Bei der Ausübung sonstiger Tätigkeiten halten sie die für einen Rechtsanwalt geltenden Regeln ein; hierbei sind insbesondere die sich aus §§ 43, 45 Nr. 1 bis 3 der Bundesrechtsanwaltsordnung ergebenden beruflichen Pflichten zu befolgen. Diese Regeln gelten nur insoweit, als sie nicht mit der Niederlassung im Geltungsbereich dieses Gesetzes untrennbar verbunden sind, sie wegen ihrer allgemeinen Bedeutung von den in § 1 Abs. 1 bezeichneten Personen beachtet werden können und das Verlangen, sie einzuhalten, gerechtfertigt ist, um eine ordnungsgemäße Ausübung der Tätigkeiten des Rechtsanwalts sowie die Wahrung des Ansehens und des Vertrauens, welche die Stellung des Rechtsanwalts erfordert, zu gewährleisten.

129

§ 4 Vertretung und Verteidigung im Bereich der Rechtspflege

(1) Die in § 1 Abs. 1 bezeichneten Personen dürfen in gerichtlichen Verfahren sowie in behördlichen Verfahren wegen Straftaten, Ordnungswidrigkeiten, Dienstvergehen oder Berufspflichtverletzungen, in denen der Mandant nicht selbst den Rechtsstreit führen oder sich verteidigen kann, als Vertreter oder Verteidiger eines Mandanten nur im Einvernehmen mit einem Rechtsanwalt handeln, der zur Vertretung oder Verteidigung bei dem Gericht oder der Behörde befugt ist. Dem Rechtsanwalt obliegt es, gegenüber den in § 1 Abs. 1 bezeichneten Personen darauf hinzuwirken, daß sie bei der Vertretung oder Verteidigung die Erfordernisse einer geordneten Rechtspflege beachten. Zwischen dem Rechtsanwalt und dem Mandanten kommt kein Vertragsverhältnis zustande, sofern die Beteiligten nicht ein anderes bestimmt haben.

(2) Das Einvernehmen ist bei der ersten Handlung gegenüber dem Gericht oder der Behörde schriftlich nachzuweisen. Ein Widerruf des Einvernehmens ist schriftlich gegenüber dem Gericht oder der Behörde zu erklären. Er hat Wirkung nur für die Zukunft. Handlungen, für die der Nachweis des Einvernehmens im Zeitpunkt ihrer Vornahme nicht vorliegt, sind unwirksam.

(3) Die in § 1 Abs. 1 bezeichneten Personen dürfen einen Mandanten, dem in einem Strafverfahren die Freiheit auf Grund gerichtlicher oder behördlicher Anordnung entzogen ist, nur in Begleitung eines Rechtsanwalts besuchen und mit ihm nur über einen Rechtsanwalt schriftlich verkehren; mit dem Rechtsanwalt ist das Einvernehmen über die Ausübung des Verkehrs herzustellen. Das Gericht oder die Behörde kann den Besuch ohne Begleitung oder den unmittelbaren schriftlichen Verkehr gestatten, wenn eine Gefährdung der Sicherheit nicht zu besorgen ist. Die §§ 138 a bis 138 d, 146, 146 a und 148 der Strafprozeßordnung sind auf den Rechtsanwalt, der, ohne Verteidiger zu sein, das Einvernehmen erklärt hat, entsprechend anzuwenden.

(4) § 52 Abs. 2 der Bundesrechtsanwaltsordnung ist auf die in § 1 Abs. 1 bezeichneten Personen entsprechend anzuwenden.

§ 5 Zustellungen in behördlichen und gerichtlichen Verfahren

Für Zustellungen in behördlichen und gerichtlichen Verfahren haben die in § 1 Abs. 1 bezeichneten Personen, sobald sie in Verfahren vor Gerichten oder Behörden tätig werden, einen Rechtsanwalt als Zustellungsbevollmächtigten zu benennen; die Benennung erfolgt gegenüber der Behörde oder dem Gericht. Zustellungen, die für die in § 1 Abs. 1 bezeichneten Personen bestimmt sind, sind an den Zustellungsbevollmächtigten zu bewirken. Ist ein Zustellungsbevollmächtigter nicht benannt, so gilt in den in § 4 Abs. 1 aufgeführten Verfahren der Rechtsanwalt, mit dem einvernehmlich gehandelt wird, als Zustellungsbevollmächtigter; kann nicht an einen im Geltungsbereich dieses Gesetzes wohnhaften Rechtsanwalt zugestellt werden, erfolgen Zustellungen an die Partei.

§ 6 Aufsicht, zuständige Rechtsanwaltskammer

(1) Die Ausübung der nach diesem Gesetz zulässigen Tätigkeiten der in § 1 Abs. 1 bezeichneten Personen wird durch die nach Absatz 4 zuständigen Rechtsanwaltskammern beaufsichtigt. Dem Vorstand der Rechtsanwaltskammer obliegt es insbesondere,

1. diese Personen in Fragen der Berufspflichten eines Rechtsanwalts zu beraten und zu belehren;

2. die Erfüllung der diesen Personen obliegenden Pflichten zu überwachen und das Recht der Rüge zu handhaben;

3. die zuständige Stelle des Herkunftsstaats über Entscheidungen zu unterrichten, die hinsichtlich dieser Personen getroffen worden sind;

4. die erforderlichen Auskünfte beruflicher Art über diese Personen einzuholen;

5. auf Antrag bei Streitigkeiten zwischen diesen Personen und Rechtsanwälten zu vermitteln.

(2) Der Vorstand kann die in Absatz 1 Nr. 1, 3 bis 5 bezeichneten Aufgaben einzelnen Mitgliedern des Vorstands übertragen.

(3) Die §§ 56, 57, 74, 74 a der Bundesrechtsanwaltsordnung gelten entsprechend.

(4) Die Zuständigkeit der Rechtsanwaltskammer für die Aufsicht nach Absatz 1 richtet sich nach dem Herkunftsstaat der in § 1 Abs. 1 bezeichneten Personen. Sie wird ausgeübt durch

a) die Rechtsanwaltskammer Düsseldorf in Düsseldorf
   für die Personen aus Belgien und den Niederlanden,

b) die Rechtsanwaltskammer Koblenz in Koblenz
   für die Personen aus Frankreich und Luxemburg,

c) die Hanseatische Rechtsanwaltskammer in Hamburg
   für die Personen aus dem Vereinigten Königreich und Irland,

d) die Rechtsanwaltskammer für den Oberlandesgerichtsbezirk München
   in München für die Personen aus Italien,

e) die Schleswig-Holsteinische Rechtsanwaltskammer in Schleswig
   für die Personen aus Dänemark,

f) die Rechtsanwaltskammer in Celle
   für die Personen aus Griechenland,

g) die Rechtsanwaltskammer Stuttgart in Stuttgart
   für die Personen aus Spanien,

h) die Rechtsanwaltskammer Oldenburg in Oldenburg
   für die Personen aus Portugal.

§ 7 Ehrengerichtsbarkeit

Die in § 1 Abs. 1 bezeichneten Personen unterstehen hinsichtlich der
Erfüllung ihrer Berufspflichten der Ehrengerichtsbarkeit. Die örtliche
Zuständigkeit des Ehrengerichts bestimmt sich nach dem Sitz der Rechts-
anwaltskammer, welche die Aufsicht nach § 6 ausübt.

§ 8 Ehrengerichtliche Ahndung von Pflichtverletzungen, vorläufige ehrengerichtliche Maßnahmen

Für die ehrengerichtliche Ahndung von Pflichtverletzungen der in § 1
Abs. 1 bezeichneten Personen und die Verhängung vorläufiger ehrengerichtlicher Maßnahmen gelten die Vorschriften des sechsten und des
siebenten Teils der Bundesrechtsanwaltsordnung mit folgender Maßgabe:

1. das Verbot nach § 114 Abs. 1 Nr. 4 sowie die vorläufigen Maßnahmen
   nach § 150 Abs. 1 und § 161 a dürfen nur für den Geltungsbereich dieses Gesetzes ausgesprochen werden;

2. an die Stelle der Ausschließung aus der Rechtsanwaltschaft tritt in
   § 114 Abs. 1 Nr. 5, § 114 a Abs. 3 Satz 1, § 148 Abs. 1 Satz 1, § 149

Abs. 1 Satz 1, § 150 Abs. 1, § 153 Satz 1, § 156 Abs. 1 und § 158 Nr. 1 das Verbot, im Geltungsbereich dieses Gesetzes Dienstleistungen zu erbringen;

3. die Mitteilung nach § 160 Abs. 1, § 161a Abs. 2 ist an alle Landesjustizverwaltungen zu richten;

4. § 160 Abs. 2 und § 161 sind nicht anzuwenden.

§ 9 Mitteilungspflichten, Zustellungen in ehrengerichtlichen Verfahren

(1) In ehrengerichtlichen Verfahren gegen die in § 1 Abs. 1 bezeichneten Personen sind der zuständigen Stelle des Herkunftsstaats mitzuteilen

1. die Entscheidung über die Eröffnung des Hauptverfahrens,

2. die Urteile,

3. die Verhängung vorläufiger ehrengerichtlicher Maßnahmen, deren Außerkrafttreten und deren Aufhebung.

(2) Mitteilungspflichtig ist das Ehrengericht, das die mitzuteilende Entscheidung gefällt hat.

(3) Die Mitteilung wird durch Übersendung einer Abschrift der mitzuteilenden Entscheidung bewirkt.

(4) Die Mitteilungen werden der zuständigen Stelle des Herkunftsstaats unmittelbar übersandt.

(5) Kann in Verfahren der Ehrengerichtsbarkeit und in Verfahren nach §§ 56, 57, 74, 74a der Bundesrechtsanwaltsordnung gegen eine in § 1 Abs. 1 bezeichnete Person eine Zustellung an diese Person nicht in der vorgeschriebenen Weise im Geltungsbereich dieses Gesetzes bewirkt werden und erscheint die Befolgung der für Zustellungen außerhalb des Geltungsbereichs dieses Gesetzes bestehenden Vorschriften unausführbar oder voraussichtlich erfolglos, so gilt die Zustellung als erfolgt, wenn eine Abschrift des zuzustellenden Schriftstücks der zuständigen Stelle des Herkunftsstaats übersandt ist und seit der Aufgabe zur Post vier Wochen verflossen sind.

§ 10 Anfechtung von Verwaltungsakten

Verwaltungsakte, die nach diesem Gesetz ergeben, können nach § 223 der Bundesrechtsanwaltsordnung angefochten werden. Wird ein Antrag auf Vornahme eines Verwaltungsakts nach diesem Gesetz ohne zureichenden Grund nicht innerhalb von drei Monaten beschieden, ist § 223 Abs. 2 der Bundesrechtsanwaltsordnung anzuwenden.

Zweiter Abschnitt: Anwendung von Bundesgesetzen

1. Für die Anwendung der Vorschriften des Strafgesetzbuches über Straflosigkeit der Nichtanzeige geplanter Straftaten (§ 139 Abs. 3 Satz 2), Verletzung von Privatgeheimnissen (§ 203 Abs. 1 Nr. 3, Abs. 3 bis 5, §§ 204, 205), Gebührenüberhebung (§ 352) und Parteiverrat (§ 356) stehen die in § 1 Abs. 1 dieses Gesetzes bezeichneten Personen den Rechtsanwälten und Anwälten gleich.

2. Zum Schutz der in § 1 Abs. 1 dieses Gesetzes genannten Berufsbezeichnungen ist die Vorschrift des § 132 a Abs. 1 Nr. 2, Abs. 2, 4 des Strafgesetzbuches über den Schutz der Berufsbezeichnung Rechtsanwalt entsprechend anzuwenden.

Dritter Abschnitt: Schlußvorschriften

Artikel 1

Dieses Gesetz gilt nach Maßgabe des § 13 Abs. 1 des Dritten Überleitungsgesetzes auch im Land Berlin.

Artikel 2

Dieses Gesetz tritt am Tage nach der Verkündigung in Kraft.[1]

---

1 Das Gesetz wurde am 22. 8. 1980 verkündet.

Anhang III:

CCBE-Standesregeln der Rechtsanwälte der Europäischen Gemeinschaften

Übersicht

5. Das Verhalten gegenüber den Kollegen
  5.1. Kollegialität
  5.2. Zusammenarbeit von Anwälten aus verschiedenen
    Mitgliedstaaten
  5.3. Korrespondenz unter Rechtsanwälten
  5.4. Vermittlungshonorar
  5.5. Umgehung des Gegenanwaltes
  5.6. Anwaltswechsel
  5.7. Haftung für Honorarforderungen unter Kollegen
  5.8. Ausbildung junger Anwälte
  5.9. Streitschlichtung zwischen Kollegen aus verschiedenen
    Mitgliedstaaten

1. Vorbemerkungen

1.1. Der Rechtsanwalt in der Gesellschaft

In einer auf die Achtung des Rechtes gegründeten Gesellschaft hat der Rechtsanwalt eine besonders wichtige Funktion. Seine Aufgabe beschränkt sich nicht auf die gewissenhafte Ausführung eines Auftrages im Rahmen des Gesetzes. Der Rechtsanwalt ist in einem Rechtsstaat sowohl für die Justiz als auch für den Rechtsuchenden, dessen Rechte und Freiheiten er zu wahren hat, unentbehrlich; der Rechtsanwalt ist nicht nur der Vertreter, sondern auch der Berater seines Mandanten.

Bei der Ausführung seines Auftrages unterliegt der Rechtsanwalt zahlreichen gesetzlichen und standesrechtlichen Pflichten, die zum Teil zueinander in Widerspruch zu stehen scheinen. Es handelt sich dabei um Pflichten gegenüber

- dem Mandanten,

- Gerichten und Behörden, denen gegenüber der Rechtsanwalt seinem Mandanten beisteht und ihn vertritt,

- seinem Berufsstand im allgemeinen und jedem Kollegen im besonderen,

- der Gesellschaft, für die ein freier, unabhängiger und durch sich selbst auferlegte Regeln integrer Berufsstand ein wesentliches Mittel zur Verteidigung der Rechte des Einzelnen gegenüber dem Staat und gegenüber Interessengruppen ist.

1.2. Gegenstand des Standesrechtes

1.2.1. Die freiwillige Unterwerfung unter die Standesregeln dient dem Zweck, die ordnungsgemäße Wahrnehmung seiner für die Gemeinschaft unerläßlichen Aufgaben durch den Rechtsanwalt sicherzustellen. Beachtet der Rechtsanwalt die Standesregeln nicht, so führt dies schließlich zu einer Disziplinarmaßnahme.

1.2.2. Jede Anwaltschaft hat eigene auf ihrer besonderen Tradition beruhende Regeln. Diese entsprechen der Organisation des Berufsstandes und dem anwaltlichen Tätigkeitsbereich, dem Verfahren vor den Gerichten und Behörden sowie den Gesetzen des betreffenden Mitgliedstaates. Es ist weder möglich noch wünschenswert, sie aus diesem Zusammenhang herauszureißen oder Regeln zu verallgemeinern, die dafür nicht geeignet sind.

Die einzelnen Standesregeln jeder Anwaltschaft beruhen jedoch auf den gleichen Grundwerten und sind ganz überwiegend Ausdruck einer gemeinsamen Grundüberzeugung.

1.3. Ziel und Zweck der Europäischen Standesregeln

1.3.1. Durch die Entwicklung der Europäischen Gemeinschaft und die im Rahmen dieser Gemeinschaft immer stärker werdende grenzüberschreitende Tätigkeit des Rechsanwaltes ist es im Interesse der Rechtsuchenden notwendig geworden, für diese grenzüberschreitende Tätigkeit einheitliche, auf jeden Rechtsanwalt der Gemeinschaft anwendbare Regeln festzulegen, unabhängig davon, welcher Anwaltschaft der Rechtsanwalt angehört.

Die Aufstellung solcher Standesregeln hat insbesondere zum Ziel, die sich aus der konkurrierenden Anwendung mehrerer Standesrechte – die in Artikel 4 der Richtlinie Nr. 77/249 vom 22. März 1977 vorgesehen ist – ergebenden Schwierigkeiten zu verringern.

1.3.2. Die im CCBE zusammengeschlossenen, den anwaltlichen Berufsstand repräsentierenden Organisationen sprechen den Wunsch aus, daß die nachstehenden Standesregeln

• bereits jetzt als Ausdruck der gemeinsamen Überzeugung aller Anwaltschaften der Europäischen Gemeinschaft anerkannt werden,

- in kürzester Zeit durch nationales und/oder Gemeinschaftsrecht für die grenzüberschreitende Tätigkeit des Rechtsanwaltes in der Europäischen Gemeinschaft verbindlich erklärt werden.

- bei jeder Reform des nationalen Standesrechtes im Hinblick auf dessen allmähliche Harmonisierung berücksichtigt werden.

Sie verbinden damit weiter den Wunsch, daß die nationalen Standesregeln soweit wie möglich in einer Weise ausgelegt und angewendet werden, die mit den Europäischen Standesregeln in Einklang steht.

Wenn die Europäischen Standesregeln hinsichtlich der grenzüberschreitenden anwaltlichen Tätigkeit verbindlich geworden sind, untersteht der Rechtsanwalt weiter den Standesregeln der Anwaltschaft, der er angehört, soweit diese zu den Europäischen Standesregeln nicht in Widerspruch stehen.

1.4. Persönlicher Anwendungsbereich

Die nachstehenden Standesregeln sind auf alle Rechtsanwälte der Europäischen Gemeinschaft im Sinne der Richtlinie Nr. 77/249 vom 22. März 1977 anwendbar.

1.5. Sachlicher Anwendungsbereich

Unbeschadet des Zieles einer allmählichen Vereinheitlichung des innerstaatlich geltenden Standesrechts sind die nachstehenden Standesregeln auf die grenzüberschreitende Tätigkeit des Rechtsanwaltes innerhalb der Europäischen Gemeinschaft anwendbar. Als grenzüberschreitende Tätigkeit gilt:

a) jede Tätigkeit gegenüber Rechtsanwälten anderer Mitgliedstaaten anläßlich anwaltlicher Berufsausübung.

b) die berufliche Tätigkeit eines Rechtsanwaltes in einem anderen Mitgliedstaat, gleichgültig ob er dort anwesend ist oder nicht.

1.6. Definitionen

Für die nachstehenden Standesregeln haben folgende Ausdrücke folgende Bedeutung:

„Herkunftsstaat" bezeichnet den Mitgliedstaat, zu dessen Anwaltschaft der Rechtsanwalt gehört.

138

„Aufnahmestaat" bezeichnet den Mitgliedstaat, in dem der Rechtsanwalt eine grenzüberschreitende Tätigkeit verrichtet.

„Zuständige Stelle" bezeichnet die berufsspezifischen Organisationen oder Behörden der Mitgliedstaaten, die für die Erlassung von Standesregeln und Disziplinaraufsicht zuständig sind.

2. Allgemeine Grundsätze

2.1. Unabhängigkeit

2.1.1. Die Vielfältigkeit der dem Rechtsanwalt obliegenden Pflichten setzt seine Unabhängigkeit von sachfremden Einflüssen voraus; dies gilt insbesondere für die eigenen Interessen des Rechtsanwaltes und die Einflußnahme Dritter. Diese Unabhängigkeit ist für das Vertrauen in die Justiz ebenso wichtig wie die Unparteilichkeit des Richters. Der Rechtsanwalt hat daher Beeinträchtigungen seiner Unabhängigkeit zu vermeiden und darf nicht aus Gefälligkeit gegenüber seinem Mandanten, dem Richter oder einem Dritten das Standesrecht außer acht lassen.

2.1.2. Die Wahrung der Unabhängigkeit ist für die außergerichtliche Tätigkeit ebenso wichtig wie für die Tätigkeit vor Gericht, denn der anwaltliche Rat verliert für den Mandanten an Wert, wenn er aus Gefälligkeit, aus persönlichem Interesse oder unter dem Druck dritter Personen erteilt wird.

2.2. Vertrauen und Würde

Das Vertrauensverhältnis setzt voraus, daß keine Zweifel über die Ehrenhaftigkeit, die Unbescholtenheit und die Rechtschaffenheit des Rechtsanwaltes bestehen. Diese traditionellen Werte des Anwaltsstandes sind für den Rechtsanwalt gleichzeitig Standespflichten.

2.3. Berufsgeheimnis

2.3.1. Es gehört zum Wesen der Berufstätigkeit des Rechtsanwaltes, daß sein Mandant ihm Geheimnisse anvertraut und er sonstige vertrauliche Mitteilungen erhält. Ist die Vertraulichkeit nicht gewährleistet, kann kein Vertrauen entstehen. Aus diesem Grund ist das Berufsgeheimnis gleichzeitig ein Grundrecht und eine Grundpflicht des Rechtsanwaltes von besonderer Bedeutung.

2.3.2. Der Rechtsanwalt hat die Vertraulichkeit aller Informationen zu wahren, die ihm von seinen Mandanten gegeben werden, die sich auf seinen Mandanten beziehen oder die er im Rahmen der Wahrnehmung der Interessen seines Mandanten erhält.

2.3.3. Die Pflicht zur Wahrung des Berufsgeheimnisses ist zeitlich unbegrenzt.

2.3.4. Der Rechtsanwalt achtet auf die Wahrung der Vertraulichkeit durch seine Mitarbeiter und alle Personen, die bei seiner beruflichen Tätigkeit mitwirken.

2.4. Achtung des Standesrechtes anderer Anwaltschaften

Der Rechtsanwalt kann aufgrund Gemeinschaftsrechtes (insbesondere der Richtlinie Nr. 77/249 vom 22. März 1977) verpflichtet sein, das Standesrecht eines Aufnahmestaates zu beachten. Der Rechtsanwalt hat die Pflicht, sich über die bei Ausübung einer bestimmten Tätigkeit anwendbaren standesrechtlichen Regeln zu informieren.

2.5. Unvereinbare Tätigkeiten

2.5.1. Der Beruf des Rechtsanwaltes ist mit bestimmten Berufen und Tätigkeiten unvereinbar, damit die Unabhängigkeit des Rechtsanwaltes und seine Pflicht zur Mitwirkung bei der Rechtspflege nicht beeinträchtigt werden.

2.5.2 Bei der Vertretung oder Verteidigung eines Mandanten vor den Gerichten oder Behörden eines Aufnahmestaates beachtet der Rechtsanwalt die für Rechtsanwälte dieses Staates geltenden Regeln über die Unvereinbarkeit des Berufes des Rechtsanwaltes mit anderen Berufen oder Tätigkeiten.

2.5.3 Beabsichtigt der in einem Aufnahmestaat niedergelassene Rechtsanwalt, dort unmittelbar eine kaufmännische oder sonstige vom Beruf des Rechtsanwaltes verschiedene Tätigkeit auszuüben, so ist er dabei auch verpflichtet, die für die Rechtsanwälte dieses Staates geltenden Regeln über die Unvereinbarkeit des Berufes des Rechtsanwaltes mit anderen Berufen oder Tätigkeiten zu beachten.

2.6. Persönliche Werbung

2.6.1. Der Rechtsanwalt darf nicht persönlich werben oder für sich werben lassen, wo dies unzulässig ist.

In anderen Fällen darf der Rechtsanwalt nur insoweit persönlich werben oder für sich werben lassen, wie dies durch die Regeln der Standesorganisation, der er angehört, gestattet wird.

2.6.2 Persönliche Werbung, insbesondere Werbung in den Medien, gilt als an einem Ort vorgenommen, wo sie zulässig ist, wenn der Rechtsanwalt nachweist, daß sie mit dem Ziel erfolgte, Mandanten oder potentielle Mandanten an diesem Ort zu erreichen und die Kenntnisnahme an einem anderen Ort unbeabsichtigt erfolgt.

2.7. Interessen der Mandanten

Vorbehaltlich der gesetzlichen und standesrechtlichen Vorschriften ist der Rechtsanwalt verpflichtet, seinen Mandanten in solcher Weise zu vertreten oder zu verteidigen, daß das Mandanteninteresse dem Interesse des Rechtsanwaltes, eines Kollegen oder der Kollegenschaft insgesamt vorgeht.

3. Das Verhalten gegenüber den Mandanten

3.1. Beginn und Ende des Mandats

3.1.1. Der Rechtsanwalt darf nur im Auftrag seines Mandanten tätig werden, es sei denn, er wird von einem anderen den Mandanten vertretenden Rechtsanwalt beauftragt oder der Fall wird ihm durch eine sachlich zuständige Stelle übertragen.

3.1.2. Der Rechtsanwalt berät und vertritt seinen Mandanten unverzüglich, gewissenhaft und sorgfältig. Er ist für die Ausführung des ihm erteilten Mandats persönlich verantwortlich. Er unterrichtet seinen Mandanten vom Fortgang der ihm übertragenen Angelegenheit.

3.1.3 Der Rechtsanwalt hat ein Mandat abzulehnen, wenn er weiß oder wissen muß, daß es ihm an den erforderlichen Kenntnissen fehlt, es sei denn, er arbeitet mit einem Rechtsanwalt zusammen, der diese Kenntnisse besitzt.

Der Rechtsanwalt darf ein Mandat nur annehmen, wenn er die Sache im Hinblick auf seine sonstigen Verpflichtungen unverzüglich bearbeiten kann.

3.1.4. Der Rechtsanwalt darf sein Recht zur Mandantsniederlegung nur derart ausüben, daß der Mandant in der Lage ist, ohne Schaden den Beistand eines anderen Kollegen in Anspruch zu nehmen.

3.2. Interessenkonflikt

3.2.1. Der Rechtsanwalt darf mehr als einen Mandanten in der gleichen Sache nicht beraten, vertreten oder verteidigen, wenn ein Interessenkonflikt zwischen den Mandanten oder die ernsthafte Gefahr eines solchen Konfliktes besteht.

3.2.2. Der Rechtsanwalt muß das Mandat gegenüber allen betroffenen Mandanten niederlegen, wenn es zu einem Interessenkonflikt kommt, wenn die Gefahr der Verletzung der Berufsverschwiegenheit besteht oder die Unabhängigkeit des Rechtsanwaltes beeinträchtigt zu werden droht.

3.2.3. Der Rechtsanwalt darf ein neues Mandat dann nicht übernehmen, wenn die Gefahr der Verletzung der Verschwiegenheitspflicht bezüglich der von einem früheren Mandanten anvertrauten Information besteht oder die Kenntnis der Angelegenheit eines früheren Mandanten dem neuen Mandanten zu einem ungerechtfertigten Vorteil gereichen würde.

3.2.4. Üben Rechtsanwälte ihren Beruf gemeinsam aus, so sind die Bestimmungen der Artikel 3.2.1. bis 3.2.3. auf die Sozietät und alle ihre Mitglieder anzuwenden.

3.3. Quota-litis-Vereinbarung

3.3.1. Der Rechtsanwalt darf hinsichtlich seines Honorars keine quota-litis-Vereinbarung abschließen.

3.3.2. Quota-litis-Vereinbarung im Sinne dieser Bestimmung ist ein vor Abschluß der Rechtssache geschlossener Vertrag des Anwaltes mit dem Mandanten, in dem der Mandant sich verpflichtet, dem Anwalt einen Teil des Ergebnisses der Angelegenheit zu zahlen, unabhängig davon, ob es sich um einen Geldbetrag oder einen sonstigen Vorteil handelt.

3.3.3. Eine quota-litis-Vereinbarung liegt dann nicht vor, wenn die Vereinbarung die Berechnung des Honorars aufgrund des Streitwertes vorsieht und einem amtlichen oder von der für den Rechtsanwalt zuständigen Stelle genehmigten Tarif entspricht.

3.4. Honorarabrechnung

3.4.1. Der Rechtsanwalt hat seinem Mandanten die Grundlagen seiner gesamten Honorarforderungen offenzulegen; der Betrag des Honorars muß angemessen sein.

3.4.2. Vorbehaltlich einer abweichenden, gesetzlich zulässigen Vereinbarung des Rechtsanwaltes mit seinem Mandanten ist das Honorar entsprechend den Regeln der Standesorganisation zu berechnen, der der Rechtsanwalt angehört. Gehört der Rechtsanwalt mehreren Standesorganisationen an, so sind die Regeln der Standesorganisation maßgebend, mit der das Mandatsverhältnis die engste Verbindung hat.

3.5. Vorschuß auf Honorar und Kosten

Verlangt der Rechtsanwalt einen Vorschuß auf seine Kosten und/oder sein Honorar, darf dieser nicht über einen unter Berücksichtigung der voraussichtlichen Höhe des Honorars und der Kosten angemessenen Betrag hinausgehen. Wird der Vorschuß nicht gezahlt, kann der Rechtsanwalt das Mandat niederlegen oder ablehnen, unbeschadet der Vorschrift des Artikels 3.1.4.

3.6. Honorarerteilung mit anderen Personen als Anwälten

3.6.1. Vorbehaltlich der nachstehenden Regel ist es dem Rechtsanwalt verboten, sein Honorar mit einer Person zu teilen, die nicht selbst Rechtsanwalt ist.

3.6.2. Artikel 3.6.1. gilt nicht für Zahlungen oder Leistungen eines Anwaltes an die Erben eines verstorbenen Kollegen oder an einen früheren Rechtsanwalt als Vergütung für die Übernahme einer Praxis.

3.7. Prozeß- und Beratungskostenhilfe

Hat der Mandant Anspruch auf Prozeß- und Beratungskostenhilfe, so hat der Rechtsanwalt ihn darauf hinzuweisen.

143

3.8. Mandantengelder

3.8.1. Werden dem Rechsanwalt zu irgendeinem Zeitpunkt Gelder anvertraut, die für seine Mandanten oder Dritte bestimmt sind (nachstehend „Mandantengelder") so hat er folgende Vorschriften zu beachten:

3.8.1.1. Mandantengelder sollen immer auf ein Konto bei einem Kreditinstitut, das öffentlicher Aufsicht unterliegt, eingezahlt werden. Alle von einem Rechtsanwalt empfangenen Mandantengelder sind auf ein solches Konto einzuzahlen, es sei denn, der Mandant hat ausdrücklich oder stillschweigend eine andere Verwendung genehmigt.

3.8.1.2. Für jedes auf den Namen des Rechtsanwaltes lautende Konto, auf das Mandantengelder eingezahlt wurden, ist durch Kontobezeichnung ersichtlich zu machen, daß es sich bei den eingezahlten Beträgen um Mandantengelder handelt.

3.8.1.3. Die Konten des Rechtsanwaltes, auf die Mandatengelder eingezahlt wurden, müssen immer ein Guthaben aufweisen, das mindestens der Summe der dem Rechtsanwalt anvertrauten Mandantengelder entspricht.

3.8.1.4. Mandantengelder sind an den Mandanten auf erstes Anfordern oder gemäß den Bedingungen auszuzahlen, die mit dem Mandanten vereinbart wurden.

3.8.1.5. Vorbehaltlich entgegenstehender gesetzlicher Vorschriften oder der ausdrücklichen oder stillschweigenden Einwilligung des Mandanten, für den die Zahlung vorgenommen wird, ist die Auszahlung von Mandantengeldern im Namen eines Mandanten an eine dritte Person unzulässig; dies gilt auch für

a) Zahlungen an einen Mandanten oder für einen Mandanten mit Geldern eines anderen Mandanten;

b) den Ausgleich der Honorarforderungen des Rechtsanwaltes.

3.8.1.6. Der Rechtsanwalt hat über alle die Mandantengelder betreffenden Vorgänge vollständig und genau Buch zu führen, wobei Mandantengelder von sonstigen Guthaben zu trennen sind; der Rechtsanwalt übergibt dem Mandanten auf Ersuchen die Kontoauszüge.

3.8.1.7. Die zuständigen Stellen der Mitgliedstaaten sind berechtigt, die auf Mandantengelder bezüglichen Unterlagen unter Wahrung der Berufsverschwiegenheit einzusehen und zu überprüfen, um die Einhaltung der von ihnen aufgestellten Regeln zu überwachen und Verstöße zu ahnden.

3.8.2. Vorbehaltlich der nachstehenden Bestimmung und des Artikels 3.8.1. hat der Rechtsanwalt, dem Mandantengelder im Rahmen einer Tätigkeit in einem anderen Mitgliedstaat anvertraut werden, die auf Mandantengelder anwendbaren Regeln der Standesorganisation zu beachten, der er angehört.

3.8.3. Übt der Rechtsanwalt seine Tätigkeit in einem Aufnahmestaat aus, so kann er mit Genehmigung der zuständigen Stellen des Herkunfts- und des Aufnahmestaates ausschließlich die Regeln des Aufnahmestaates beachten, ohne an die Einhaltung der Regeln des Herkunftsstaates gebunden zu sein. In diesem Fall hat er das Erforderliche zu veranlassen, um seine Mandanten davon zu informieren, daß auf ihn die Regeln des Aufnahmestaates Anwendung finden.

3.9. Berufshaftpflichtversicherung

3.9.1. Der Rechtsanwalt muß gegen Berufshaftpflicht ständig in einer Weise versichert sein, die nach Art und Umfang den durch rechtsanwaltliche Tätigkeit entstehenden Risiken angemessen ist.

3.9.2.1. Vorbehaltlich nachstehender Bestimmungen hat der seine Tätigkeit in einem anderen Mitgliedstaat ausübende Rechtsanwalt die Vorschriften zu befolgen, die bezüglich der Versicherungspflicht in seinem Herkunftsstaat gelten.

3.9.2.2. Ist der Rechtsanwalt in seinem Herkunftsstaat verpflichtet, eine Berufshaftpflichtversicherung abzuschließen und übt er eine Tätigkeit in einem anderen Mitgliedstaat aus, so hat er sich um die Ausdehnung des Versicherungsschutzes auf seine Tätigkeit im Aufnahmestaat auf der Basis des Versicherungsschutzes in seinem Herkunftsstaat zu bemühen.

3.9.2.3. Ist der Rechtsanwalt nach den Vorschriften des Herkunftsstaates nicht zum Abschluß einer Berufshaftpflichtversicherung verpflichtet oder ist die in Artikel 3.9.2.2. vorgesehene Ausdehnung des Versicherungsschutzes unmöglich, so ist der Rechtsanwalt dennoch verpflichtet, sich für die in einem Aufnahmestaat zugunsten von Mandanten des Aufnahmestaats erbrachte Tätigkeit zumindest im gleichen Umfang wie die Rechtsanwälte des Aufnahmestaates zu versichern, es sei denn, die Erlangung eines solchen Versicherungsschutzes erweist sich als unmöglich.

3.9.2.4. Ist es dem Rechtsanwalt nicht möglich, einen den vorstehenden Bestimmungen entsprechenden Versicherungsschutz zu erhalten, hat er alle zumutbaren Schritte zu unternehmen, um die Mandanten zu unterrichten, die wegen des fehlenden Versicherungsschutzes Schaden erleiden könnten.

3.9.2.5. Übt der Rechtsanwalt seine Tätigkeit in einem Aufnahmestaat aus, so kann er mit Genehmigung der zuständigen Stelle des Herkunfts und des Aufnahmestaates ausschließlich die für die Berufshaftpflichtversicherung in dem Aufnahmestaat geltenden Vorschriften beachten. In diesem Fall hat der Rechtsanwalt alle zumutbaren Schritte zu unternehmen, um seine Mandanten davon zu informieren, daß sein Versicherungsschutz den in dem Aufnahmestaat geltenden Regeln entspricht.

4. Das Verhalten gegenüber den Gerichten

4.1. Auf die Prozeßtätigkeit anwendbares Standesrecht

Der vor einem Gericht eines Mitgliedstaates auftretende oder an einem vor einem solchen Gericht anhängigen Verfahren beteiligte Rechtsanwalt hat die vor diesem Gericht geltenden Standesregeln zu beachten.

4.2. Wahrung der Chancengleichheit im Prozeß

Der Rechtsanwalt hat jederzeit auf eine faire Verfahrensführung zu achten. Er darf unter anderem mit einem Richter in einer Rechtssache keine Verbindung aufnehmen, außer er informiert zuvor den Gegenanwalt, und er darf einem Richter keine Unterlagen, Notizen oder andere Schriftstücke übergeben, außer diese würden rechtzeitig dem Gegenanwalt übermittelt, es sei denn, das Verfahrensrecht gestattet dies.

4.3. Achtung des Gerichtes

Im Rahmen der dem Richteramt gebührenden Achtung und Höflichkeit hat der Rechtsanwalt seinen Mandanten gewissenhaft und unter Beach tung des Gesetzes in der ihm zur Verteidigung der Interessen des Mandanten am zweckmäßigsten erscheinenden Weise zu vertreten.

4.4. Mitteilung falscher oder irreführender Tatsachen

Der Rechtsanwalt darf dem Gericht niemals vorsätzlich unwahre oder irreführende Angaben machen.

4.5. Anwendung auf Schiedsrichter und Personen mit ähnlichen Aufgaben

Die Vorschriften über das Verhältnis des Rechtsanwaltes zum Richter gelten auch für sein Verhältnis zu Schiedsrichtern oder sonstigen Personen, die dauernd oder gelegentlich richterliche oder quasirichterliche Funktionen ausüben.

5. Das Verhalten gegenüber den Kollegen

5.1. Kollegialität

5.1.1. Im Interesse des Mandanten und zur Vermeidung unnötiger Streitigkeiten setzt Kollegialität ein Vertrauensverhältnis und Bereitschaft zur Zusammenarbeit zwischen Rechtsanwälten voraus. Kollegialität darf unter keinen Umständen dazu führen, die Interessen der Anwälte denen der Justiz und der Rechtssuchenden entgegenzustellen.

5.1.2. Jeder Rechtsanwalt hat Rechtsanwälte eines anderen Mitgliedstaates als Kollegen anzuerkennen und ihnen gegenüber fair und höflich aufzutreten.

5.2. Zusammenarbeit von Anwälten verschiedener Mitgliedstaaten

5.2.1. Der Rechtsanwalt, an den sich ein Kollege aus einem anderen Mitgliedstaat wendet, ist verpflichtet, in einer Sache nicht tätig zu werden, wenn er nicht hinreichend qualifiziert ist; er hat dann seinem Kollegen dabei behilflich zu sein, einen Rechtsanwalt zu finden, der in der Lage ist, die erwartete Leistung zu erbringen.

5.2.2. Arbeiten Rechtsanwälte aus verschiedenen Mitgliedstaaten zusammen, haben beide die sich möglicherweise aus den verschiedenen Rechtssystemen, Standesorganisationen, Zuständigkeiten und Berufspflichten ergebenden Unterschiede zu berücksichtigen.

5.3. Korrespondenz unter Rechtsanwälten

5.3.1. Der Rechtsanwalt, der an einen Kollegen aus einem anderen Mitgliedstaat eine Mitteilung sendet, die vertraulich oder „ohne Präjudiz" sein soll, muß diesen seinen Willen bei Absendung der Mitteilung klar zum Ausdruck bringen.

5.3.2. Ist der Empfänger der Mitteilung nicht in der Lage, diese als vertraulich oder „ohne Präjudiz" im vorstehenden Sinne zu behandeln, so hat er diese an den Absender zurückzusenden, ohne ihren Inhalt bekanntzumachen.

5.4. Vermittlungshonorar

5.4.1. Es ist dem Rechtsanwalt untersagt, für die Namhaftmachung oder Empfehlung eines Mandanten von einem anderen Rechtsanwalt oder einem sonstigen Dritten ein Honorar, eine Provision oder jede andere Gegenleistung zu verlangen oder anzunehmen.

5.4.2. Der Rechtsanwalt darf niemand für die Vermittlung eines Mandanten ein Honorar, eine Provision oder eine sonstige Gegenleistung gewähren.

5.5. Umgehung des Gegenanwaltes

Es ist dem Rechtsanwalt untersagt, sich bezüglich einer bestimmten Sache mit einer Person in Verbindung zu setzen, von der er weiß, daß sie einen Rechtsanwalt mit ihrer Vertretung beauftragt oder seinen Beistand in Anspruch genommen hat, es sei denn, dieser Rechtsanwalt hat zugestimmt und er hält ihn unterrichtet.

5.6. Anwaltswechsel

5.6.1. Ein Rechtsanwalt darf die Nachfolge eines Kollegen in der Vertretung der Interessen eines Mandanten in einer bestimmten Angelegenheit nur antreten, wenn er den Kollegen davon unterrichtet und sich vergewissert hat, daß Maßnahmen zum Ausgleich des Honorars und der Auslagen dieses Kollegen getroffen wurden, sofern sich aus Artikel 5.6.2. nichts anderes ergibt. Diese Standespflicht führt jedoch nicht zur persönlichen Haftung des Rechtsanwaltes für Honorar und Kosten seines Vorgängers.

5.6.2. Sind eilige Maßnahmen im Interesse des Mandanten zu treffen, bevor die in Artikel 5.6.1. aufgestellten Bedingungen erfüllt werden können, so kann der Rechtsanwalt diese Maßnahmen treffen, wenn er seinen Vorgänger davon sofort unterrichtet.

5.7. Haftung für Honorarforderungen unter Kollegen

Im beruflichen Verkehr zwischen Rechtsanwälten verschiedener Mitgliedstaaten ist der Rechtsanwalt, der sich nicht darauf beschränkt, seinem Mandanten einen ausländischen Kollegen zu benennen oder das Mandat zu vermitteln, sondern eine Angelegenheit einem ausländischen Kollegen überträgt oder diesen um Rat bittet, persönlich dann zur Zahlung des Honorars, der Kosten und der Auslagen des ausländischen Kollegen verpflichtet, wenn Zahlung von dem Mandanten nicht erlangt werden kann. Die betreffenden Rechtsanwälte können jedoch zu Beginn ihrer Zusammenarbeit anderweitige Vereinbarungen treffen. Der beauftragende Rechtsanwalt kann ferner zu jeder Zeit seine persönliche Verpflichtung auf das Honorar und die Kosten und Auslagen beschränken, die bis zu dem Zeitpunkt angefallen sind, in welchem er seinem ausländischen Kollegen mitteilt, daß er nicht mehr haften werde.

5.8. Ausbildung junger Anwälte

Im wohlverstandenen Interesse der Mandanten sowie zur Verstärkung des Vertrauens und der Zusammenarbeit zwischen den Rechtsanwälten der Mitgliedstaaten ist es erforderlich, eine bessere Kenntnis der materiellen Gesetze und der Verfahrensgesetze der einzelnen Mitgliedstaaten zu fördern. Zu diesem Zweck soll der Rechtsanwalt – eingedenk des beruflichen Bedürfnisses zur guten Ausbildung des Nachwuchses – die Notwendigkeit der Ausbildung junger Kollegen aus anderen Mitgliedstaaten gebührend berücksichtigen.

5.9. Streitschlichtung zwischen Kollegen aus verschiedenen Mitgliedstaaten

5.9.1. Ist ein Rechtsanwalt der Auffassung, daß ein Kollege aus einem anderen Mitgliedstaat gegen das Standesrecht verstoßen hat, hat er diesen darauf hinzuweisen.

5.9.2. Kommt es zwischen Rechtsanwälten aus verschiedenen Mitgliedstaaten zum Streit in Fragen der Berufsausübung, haben sie sich zunächst um eine gütliche Regelung zu bemühen.

5.9.3. Der Rechtsanwalt, der beabsichtigt, gegen einen Kollegen aus einem anderen Mitgliedstaat wegen Angelegenheiten, auf die Artikel 5.9.1. oder 5.9.2. Bezug nehmen, ein Verfahren einzuleiten, hat davon zuvor seine und seines Kollegen Standesorganisationen zu benachrichtigen, damit diese sich um eine gütliche Regelung bemühen können.

Anhang IV:

Adressen der nationalen Anwaltsorganisationen der EG-Mitgliedstaaten

Belgien

- Ordre National des Avocats de Belgique/
  Belgische Nationale Orde van Advocaten
  Maison de l'Avocat
  Avenue de la Toison d'Or 65
  B-1060 Bruxelles
  Tel.: 0032/2/534 67 73
  Fax: 0032/2/539 39 20

- Ordre Français des Avocats du Barreau de Bruxelles
  Avenue Ducpétiaux 80
  B-1060 Bruxelles 6
  Tel.: 0032/2/537 93 29
  Fax: 0032/2/537 53 08

- Nederlandse Orde van Advocaten bij de balie te Brussel
  Brederodestraat 13 A
  B-1000 Brussel 1
  Tel.: 0032/2/517 94 11
  Fax: 0032/2/513 97 13

Dänemark

Det Danske Advokatsamfund
Kronprinsessegade 28
DK-1306 Kobenhavn K
Tel.: 0045/33 93 49 50
Fax: 0045/33 32 18 31

Deutschland

- Deutscher Anwaltverein
  Adenauerallee 106
  53113 Bonn
  Tel.: 0228 / 26 07 - 0
  Fax: 0228 / 26 07 46, 26 07 57

- Bundesrechtsanwaltskammer
  Joachimstraße 1
  53113 Bonn
  Tel.: 0228 / 22 30 05 - 07
  Fax: 0228 / 26 15 38

- Bundesrechtsanwaltskammer (Niederlassung Brüssel)
  Rue Newton 1
  B-1040 Brüssel
  Tel.: 0032 / 2 / 736 08 91
  Fax: 0032 / 2 / 736 14 97

Frankreich

Conference des Bâtonniers de France
12, Place Dauphine
F-75001 Paris
Tel.: 0033 / 1 / 43 29 89 24 o. 43 54 18 92
Fax: 0033 / 1 / 43 25 12 69

Syndicat des Avocats de France
21 bis. rue Victor Massé
F-75009 Paris
Tel.: 0033 / 1 / 42 82 01 26
Fax: 0033 / 1 / 42 26 01 55

Confederation Syndicale des Avocats
34, rue de Condé
F-75006 Paris
Tel.: 0033 / 1 / 43 54 65 48
Fax: 0033 / 1 / 43 54 75 09

Barreau de Paris
4, Boulevard du Palais
F-75055 Paris
Tel.: 0033/1/4634 1234
Fax: 0033/1/4634 7765

Griechenland

Dikigorikos Syllogos Athinon
Rue Akadimias 60
GR-10679 Athinai
Tel.: 0030/1/361 4313, 361 4289, 361 4290
Fax: 0030/1/361 0537

Großbritannien

● *England*

The Law Society
113 Chancery Lane
UK-London WC2A 1PL
Tel.: 0044/71/2421222
Fax: 0044/71/4059522

The General Council of the Bar
3 Bedford Row
UK-London WC1R 4DB
Tel.: 0044/71/2420082
Fax: 0044/71/8319217

● *Nordirland*

The General Council of the Bar
Bar Library
Royal Courts of Justice (Ulster)
Chichester Street
UK-Belfast BT1 3JZ
Tel.: 0044/232/241523
Fax: 0044/232/231850

The Law Society of Northern Ireland
Law Society House
90-106 Victoria Street
UK - Belfast BT1 3JZ
Tel.: 0044 / 232 / 23 16 14 oder 15
Fax: 0044 / 232 / 23 26 06

● *Schottland*

Faculty of Advocates
Advocates Library
Parliament House
UK - Edingburgh EH1 1RF
Tel.: 0044 / 31 / 226 50 71
Fax: 0044 / 31 / 225 36 42

The Law Society of Scotland
26/27 Drumsheugh Gardens
UK - Edinburgh EH3 7YR
Tel.: 0044 / 31 / 226 74 11
Fax: 0044 / 31 / 225 29 34

Republik Irland

General Council of the Bar of Ireland
Law Library
Four Courts
IRL - Dublin 7
Tel.: 00353 / 1 / 72 06 22
Fax: 00353 / 1 / 72 22 54

The Incorporated Law Society of Ireland
Blackhall Place
IRL - Dublin 7
Tel.: 00353 / 1 / 71 07 11
Fax: 00353 / 1 / 71 07 04, 71 01 36

Italien

Consiglio Nazionale Forense
Ministero di Grazia e Giustizia
Via Arenula 71
I - 00186 Roma
Tel.: 0039/6/6 54 26 89
Fax: 0039/6/6 87 68 71

Consiglio dell'Ordine degli Avvocati e Procuratori di Roma
Palazzo di Giustizia
Piazza Cavour
I - 00193 Roma
Tel.: 0039/6/687 52 96 oder 94
Fax: 0039/6/6 86 48 37

Consiglio dell'Ordine degli Avvocati e Procuratori di Milano
Palazzo di Giustizia
Via Freguglia
I - 20122 Milano
Tel.: 0039/2/55 18 10 32
Fax: 0039/2/55 18 10 03

Luxemburg

Ordre des Avocats à la Cour Superieure
de Justice de Luxembourg
Palais de Justice
L - Luxembourg
Tel.: 00352/248 50 (Palais de Justice)
Fax: 00352/46 10 08 (Palais de Justice)

Niederlande

Nederlandse Orde van Advocaten
Postbus 30851
NL - 2500 GW 's-Gravenhage
Neuhuyskade 94
NL - 2596 XM 's-Gravenhage
Tel.: 0031/70/3 28 83 28
Fax: 0031/70/3 28 27 87

Portugal

Ordem dos Advogados
Largo de S. Domingos 14
P-1100 Lisboa
Tel.: 00351 / 1 / 86 71 52, 86 18 82, 86 36 14
Fax: 00351 / 1 / 86 24 03

Spanien

Consejo General de la Abogacia Espanola
Calle de Serrano 9
E - Madrid 28001
Tel.: 0034 / 1 / 435 78 10
Fax: 0034 / 1 / 431 93 65

Anhang V:
Deutsche Auslandshandelskammern in den EG-Mitgliedstaaten

Belgien / Luxemburg

Deutsch-Belgisch-Luxemburgische Gesellschaft e.V.
Postfach 10 12 28
50672 Köln
Hohenzollernring 31-35
Tel.: 02 21 / 25 47 48
FS.: 221 361

Dänemark

Det Tysk-Danske Handelskammer
Börsen
DK-1217 Kopenhagen K
Tel.: 00 45 33 / 91 33 35
Fax: 00 45 33 / 91 31 16

Frankreich

Chambre Franco-Allemande de Commerce et d'Industrie
Deutsch-Franz. IHK
18, R. Balard
F-75015 Paris
Tel.: 00 33 / 1 40 58 35 35
Fax: 45 75 47 39
FS.: 042 / 20 37 38 cfaci f

Griechenland

Deutsch-Griechische Industrie- und Handelskammer
Dorileou Str. 10-12/IV
GR-11521 Athen
Tel.: 0 03 01 / 6 44 45-02, -24, -46
Fax: 6 44 51 75
FS.: 0601 / 214 102 dghk gr

Deutsch-Griechische Industrie- und Handelskammer
Zweigstelle Nord-Griechenland
POB 10891
Mitropoleos 46-48
GR-54110 Thessaloniki
Tel.: 003031/225-341, -366
Fax: 228850
FS.: 0601/410140 dght gr

Großbritannien

Deutsche Industrie- und Handelskammer
German Chamber of Industry & Commerce
16 Buckingham Gate
London SW1E 6LB
Tel.: 004471/2335656
Fax: 2337835
FS.: 051/919442 german g

Republik Irland

Deutsch-Irische Industrie- und Handelskammer
German Irish Chamber of Industry and Commerce
46, Fitzwilliam Sq.
Dublin 2
Tel.: 003531/04
Fax: 762595
FS.: 0500/91133 gici el

Italien

Deutsch-Italienische Handelskammer
Camera di Commercio Italo-Germanica
Via Napo Torriani, 29
I-20124 Mailand
Tel.: 00392/6698 8351
Fax: 66980964

Niederlande

Deutsch-Niederländische Handelskammer
Nederlands-Duitse Kamer van Koophandel
Postbus 8 05 33
Nassauplein 30
NL - 2508 GM Den Haag
Tel.: 00 31 70 / 3 61 42 51
Fax: 3 63 22 18
FS.: 0 44 / 32 138 gilde ni

Portugal

Deutsch-Portugiesische Industrie- und Handelskammer
Câmara de Comèrcio o Indùstria Luso-Alemã
Av. da Liberdade 38 - 2°
P -1200 Lissabon
Tel.: 00 35 11 / 37 27 24
Fax: 3 47 27 24
FS.: 0 404 / 16 469 comali p

Spanien

Deutsche Handelskammer für Spanien
Camara de Comercio Alemana para España
Paseo de la Castellana 42
E - 28046 Madrid
Tel.: 0 03 41 / 5 75 40 00
Fax: 4 35 02 16
FS.: 0 52 / 42 989 haka e

Camara de Comercio Alemana para España
Zweigstelle Barcelona
Calle Córcega 301 - 303
E - 08008 Barcelona
Tel.: 0 03 43 / 4 15 54 44
Fax: 4 15 27 17
FS.: 0 52 / 50 615 haka e

Literaturverzeichnis

Arndt, Anmerkung zu BFH-Urteil v. 30. 10. 1990, II R 176/87, NJW 1991, 1775, 1776;

Bahlmann, Haftung der Mitgliedstaaten bei fehlender Umsetzung von EG-Richtlinien, DWiR 1992, 61;

Baur, Der Europäische Binnenmarkt, JA 1992, 68;

Beutler/Bieber/Streil/Pipkorn, Die Europäische Gemeinschaft, 3. Aufl., 1987;

Bellstedt, Steuerpflicht des ausländischen Sozius einer deutschen Rechtsanwalts-Sozietät?, IWB Fach 2, S. 521 f.;

Bleckmann, Europarecht, 5. Aufl., 1990;

ders., Zum Ermessensmißbrauch im Europäischen Gemeinschaftsrecht, FS für Kutscher, 1981, S. 25;

Bleckmann/Pieper, Wettbewerbsrecht und gewerblicher Rechtsschutz, in: Lenz (Hrsg.), EG-Handbuch Recht im Binnenmarkt, 1991, S. 575;

Buschhaus, Das „Francovich-Urteil" des EuGH, JA 1992, 142;

Classen, Zur Bedeutung von EWG-Richtlinien für Privatpersonen, EuZW 1993, 83;

Clausnitzer, Die Vorlagepflicht an den EuGH – Zum (mangelnden) Rechtsschutz gegen Verstöße letztinstanzlicher Gerichte, NJW 1989, 641;

ders., Vertretung durch Europäischen Rechtsanwalt, KFR 1989, Fach 2, S. 281;

ders., Die Durchsetzung Europäischen Gemeinschaftsrechts im Steuerprozeß, DStR 1987, 641;

ders., Die Ausbildung im ausländischen und internationalen Recht, JURA 1990, 287;

Coester-Waltjen, Das Zuständigkeitssystem des EuGVO, JURA 1989, 611;

Di Fabio, Richtlinienkonformität als ranghöchstes Normauslegungsprinzip?, NJW 1990, 947;

Ehlermann, Die Europäische Gemeinschaft, das Recht und die Juristen, NJW 1992, 1856;

Eichenhofer, Das Europäische Sozialrecht – Bestandsaufnahme und Entwicklungsperspektiven, JZ 1992, 269;

Ende, Zur Frage der Vorlagepflicht des Bundesverfassungsgerichts, BB 1992, 489;

Fischer, Staatshaftung nach Gemeinschaftsrecht, EuZW 1992, 41;

Gleiss, Facetten des Anwaltsberufes, 1990;

Götz, Europäische Gesetzgebung durch Richtlinien, NJW 1992, 1849;

Grabitz, Kommentar zum EWG-Vertrag, Loseblatt (Stand: 6/90);

161

Hacke, Eignungsprüfung für die Zulassung zur Rechtsanwaltschaft, AnwBl. 1993, 312;

Hailbronner, Die soziale Dimension der EG-Freizügigkeit – Gleichbehandlung und Territorialprinzip, EuZW 1991, 171, 174;

ders., Staatshaftung bei säumiger Umsetzung von EG-Richtlinien, JZ 1992, 284;

Happe, Lauf und Berechnung der Fristen bei Anfechtungen vor dem EuGH, EuZW 1992, 297;

Harnier, Die Europäische Wirtschaftliche Interessenvereinigung (EWIV), IWB Fach 11, Gr. 3 S. 13 f.;

Herdegen, Die Haftung der Europäischen Wirtschaftsgemeinschaft für fehlerhafte Rechtsetzungsakte, 1983;

Hilf/Willms, Europa 1992: Europäisches Arbeits- und Sozialrecht, JuS 1992, 368;

Hüwels, Umweltrecht, in: Lenz (Hrsg.), EG-Handbuch Recht im Binnenmarkt, 1991, S. 651;

Hummer/Simma/Vedder/Emmert, Europarecht in Fällen, 1991;

Jarass, Richtlinienkonforme bzw. EG-rechtskonforme Auslegung nationalen Rechts, EuR 1991, 211, 221;

Jestett/Hohenstatt, Europarecht bricht nationales Exportkontrollrecht, EuZW 1992, 44;

Kespohl-Willemer, EG-Dienstleistungshaftpflichtrichtlinien für Rechtsanwälte, AnwBl. 1991, 147;

Kleine-Cosack, Beck'sches Rechtsanwaltshandbuch, 2. Aufl., 1991;

Klinke, Der Gerichtshof der Europäischen Gemeinschaft – Aufbau und Arbeitsweisen, 2. Aufl., 1992;

Korn, Binnenmarkt '92, 1989;

Krimphove, Europäisches Arbeitsrecht, EuZW 1991, 244;

Lechner, Lokalisation und Singularzulassung – Bemerkungen aus der Praxis, AnwBl. 1991, 301;

Lenaerts, Das Gericht erster Instanz der Europäischen Gemeinschaften, EuR 1990, 228;

Lenz, Aktuelle europäische Rechtsentwicklung, IWB Fach 11 EG Gr. 1 S. 31 f.;

ders., Rechtsschutz vor dem EuGH, IWB Fach 11 EG Gr. 1 S. 35 f.;

Lenz/Erhardt, Das Gemeinschaftsrecht – System, Entstehung, Anwendung, in: Lenz (Hrsg.), EG-Handbuch Recht im Binnenmarkt, 1991, S. 63 ff.;

Mattausch, Praktische Hinweise zur ersten supranationalen Gesellschaftsform „EWIV", IWB Fach 11 EG Gr. 3 S. 21 f.;

Müller-Graff, Europäisches Gemeinschaftsrecht und Privatrecht, NJW 1993, 13;

Müller-Huschke, Verbesserungen des Individualrechtsschutzes durch das neue Europäische Gericht Erster Instanz (EuGEI), EuGRZ 1989, 213;

Oppermann, Europarecht 1991;

Ossenbühl, Staatshaftungsrecht, 4. Aufl., 1991;

ders., Der gemeinschaftsrechtliche Staatshaftungsanspruch, DVBl. 1992, 993;

Pieper, Die Direktwirkung von Richtlinien der Europäischen Gemeinschaft, DVBl. 1990, 684;

ders., Staatshaftung bei Nichtumsetzung einer EG-Richtlinie, ZAP Fach 25, S. 19;

ders., Mitgliedstaatliche Haftung für die Nichtbeachtung von Gemeinschaftsrecht, NJW 1992, 2454;

Pieper/Schollmeier, Europarecht – Ein Casebook, 1991;

Rabe, Das Gericht Erster Instanz der Europäischen Gemeinschaften, NJW 1989, 3041;

ders., Neuerungen im Europäischen Gerichtsverfahrensrecht, EuZW 1991, 596;

ders., Internationales Anwaltsrecht – Dienstleistung und Niederlassung, NJW 1987, 2185, 2188;

ders., Dienstleistungs- und Niederlassungsfreiheit der Rechtsanwälte in der EG, AnwBl. 1992, 146, 150;

Raiser, Die Haftung des deutschen Rechtsanwalts bei grenzüberschreitender Tätigkeit, NJW 1991, 2049;

Ress/Ukrow, Neue Aspekte des Grundrechtsschutzes in der Europäischen Gemeinschaft, EuZW 1990, 499;

Rogge, Verkehr, in: Lenz (Hrsg.), EG-Handbuch Recht im Binnenmarkt, 1991, S. 615;

Rüttinger, Bedeutung der Rechtsgrundlagen einer EG-Richtlinie und Folgen einer Nichtigkeit, EuZW 1993, 117;

Schack, Internationales Zivilverfahren, München 1991;

Schiller, Verletzung der Vorlagepflicht an den EuGH, RiW 1988, 452;

Schlemmer-Schulte, Gemeinschaftsrechtlicher vorläufiger Rechtsschutz und Vorlagepflicht, EuZW 1991, 307;

Schmidt, Vollstreckung titulierter Rechtsanwaltshonorare und Kostenerstattungsansprüche im Ausland, ZAP Fach 24, S. 141;

Scholz, Wie lange bis „Solange III"?, NJW 1990, 941;

Schulze, Vertrauensschutz im EG-Recht bei der Rückforderung von Beihilfen, EuZW 1993, 279;

Schweitzer/Hummer, Europarecht, 4. Aufl., 1993;

Steiling, Mangelnde Umsetzung von EG-Richtlinien durch den Erlaß und die Anwendung der TA Luft, NVwZ 1992, 134;

Steiniger, Auswirkungen des Europäischen Gemeinschaftsrechts auf das soziale Netz in der Bundesrepublik Deutschland, NJW 1992, 1860;

Thomas, Die Anwendung europäischen materiellen Rechts im Strafverfahren, NJW 1991, 2233;

Thomas/Putzo, Zivilprozeßordnung, 17. Aufl., 1991;

Tiedemann, Europäisches Gemeinschaftsrecht und Strafrecht, NJW 1993, 23;

Toulmin, Niederlassungsrecht, AnwBl. 1991, 256;

Triantafyllou, Zur Europäisierung des vorläufigen Rechtsschutzes, NVwZ 1992, 129;

von Danwitz, Die Garantie effektiven Rechtsschutzes im Recht der Europäischen Gemeinschaft, NJW 1993, 1108;

von der Groeben/Thiesing/Ehlermann, Kommentar zum EWGV, 4. Aufl., 1991;

von Paar, Die Haftung des Rechtsanwalts bei grenzüberschreitender Tätigkeit, AnwBl. 1991, 496;

von Winterfeld, Möglichkeiten der Verbesserung des individuellen Rechtsschutzes im Gemeinschaftsrecht, NJW 1988, 1409;

Wägenbauer, Inhalt und Etappen der Niederlassungsfreiheit, EuZW 1991, 428;

Weil, Die Eignungsprüfung für EG-Anwälte, BRAK-Mitt. 1991, 15;

Zuleeg, Umweltschutz in der Rechtsprechung des Europäischen Gerichtshofs, NJW 1993, 31.

Stichwortverzeichnis

Die Zahlen verweisen auf die Seiten.